セミナー・知を究める2

恩人の思想

―わが半生 追憶の人びと―

山折哲雄著

ミネルヴァ書房

はしがき

私は、いま、数えで八十六歳である。

長い道のりを歩いてきたようにも思う。けれども一陣の風が吹いて、あっというまにここまで運んでくれたのではないかという感慨にも襲われる。

八十の坂を越えたからということもあるが、この数年わが半生を振り返って、恩人ともいうべき人が自分には何人かいたということに気づいた。何かにつけて、そのことを痛感するようになった。

若いころはよく、俺はひとりで生きている、という気分にひたっているときがあった。甘い感傷のような、一時的な虚勢のようなものだったが、その記憶もいまから振り返ればなつかしい思い出のなかのひとこまである。

これから、わが人生で出会った人々のなかから、三人の人物を選んで語ってみようと思い立ったのだが、いざ腰を上げようとするとき、「恩人」という言葉が頭のなかで堂々めぐりをはじめた。そもそも恩人とはいったい何だろうか、という疑問が蘇ったからだった。

それに今日の日本で、教育や学問の世界における師と弟子の関係はどのようなことになっているのか、わが人生を反省するような形で、この恩人という問題を通して見直してみようと思ったのである。

恩人の思想——わが半生 追憶の人びと

目次

序章　三人の恩人——金倉圓照先生・神田龍一さん・藤井日達上人

三つの「恩人」像

これから考えようと思っている私の「恩人」は、金倉圓照先生、神田龍一さん、藤井日達上人の三人である。名前を挙げるだけで呼び捨てにすることなど、とてもできない。

金倉先生、神田さん、藤井上人と、敬称をつけてそれぞれ別にお呼びさせていただく。自然な気持ちからそうなるので、不思議なことだなと思うけれども、それが三人の恩人にたいする私の距離感でもあり、義務感覚でもある。

ここに挙げた私の三人の恩人はそれぞれ異なる三つの分野で仕事をされた方々である。そこで、大きく三つの分野に分けて考えてみようと思った。

恩人を考える手立てとして、私のこれまでの人生のなかから三つの領域を設定したわけであるが、まず、やはり大学時代の恩師の姿が自然に思い浮かぶ。それから、大学を出て職業人になってからの恩人であるが、これまた、別の形で恩人像というものの一面をあらわしているのではないか。そして最後に、これは私の生涯かけた専門の領域ともかかわるが、そもそも宗教的人格とは何か、宗教家とはなにものぞ、という問いかけのなかから立ちあらわれてきたお一人である。

金倉圓照先生

最初の大学時代の私の恩師といえば、インド哲学のイロハから、つまり言葉の問題や学問の方法、そして学問によって形成される人格の問題にいたるまで、きわめて深い影響を与えてくださったのが金倉圓照先生である。日本を代表するインド哲学者であるが、すでに亡くなられている。金倉先生は、東京大学を出てドイツに留学され、ヨーロッパのインド哲学と文献学を学ばれ、帰国して東北大学の助教授になった。私は、金倉先生の晩年に教えを受けた者の一人である。その金倉先生を通して、恩人という鏡に映しだされる研究者像の一端を明らかにしてみたいと思う。

先生は、正月の元旦から研究室に姿をあらわして、研究に打ちこまれていた。十年近く教えを受けたが、毎年それは変わることがなかった。そのことで思い出されるのは、後年、京都に来ることになって、同じような研究者像を私に喚起した人物がいる。中国文学と漢字学の泰斗、白川静さんである。こういう研究者像に出会うのは今日ではきわめて稀なことではないだろうか。やはり元旦には、朝から酒を飲んで陶然としている方がいいと思っている私には、それを学習することはとてもできなかった。

神田龍一さん

大学を出て東京に行き、何年かの浪人時代を経て、私は春秋社という出版社に勤めることになった。編集の仕事を五年ばかりしていたころのことだ。そのとき、なんというか、命がけの編集者像というべきものを私に示してくれたのが、当時、その春秋社の社長であった神田龍一さんである。その神田さんもすでに亡くなっているが、そのきわめつきの行動の一端を挙げれば、いつでも、校正ゲラを持っていた。毎日、どこに出かける場合でも、暇さえあればそれをカバンから取り出して目を通し、朱を入れていた。それだけでもなかなかできないことであるが、あるとき、志賀直哉の本を作るためにそのゲラを持っていたことがあった。そして、私に「昨日、志賀さんの自宅に行って、校正ゲラを見せて、文章の誤りを指摘し、改めてもらう交渉をしたよ」という。大変なお怒りを買ったという話を笑いながらしていたが、結局、文章を改めさせている。――あの小説の神様といわれた志賀直哉の文章を訂正させたわけで、これは半信半疑ではあるけれども、いまだに忘れられない思い出になっている。

私は自分のことを研究者の端くれと思っているが、同時に編集という仕事が根っから好きなタイプの人間であるという自覚を今日までずっと持ちつづけてきた。編集するということは、文章を編集すると同時に、人間を編集することでもある、ということを教えてくれたのも神田さんだった。「編集者には、二つ、大事なことがあるよ。一つは文学精神、もう一つが、マルクス主義だ」——この社長のセリフも忘れ難い。私は、その神田さんの導きによって編集の仕事がますます好きになっていった。その性癖はいまでも変わらないと思っている。

藤井日達上人

そして三番目の人物。私が春秋社に入社したばかりのときだったが、神田さんから「とにかくお前さんの好きな人間の本を作ってみろよ」といわれた。そのころ、わがこころを震撼させた宗教的人格の存在にひきつけられるようになっていた。それが、日蓮宗の藤井日達上人で、その伝記を作ることにしたのである。以来、上人が一〇〇歳で亡くなられるまでときどきお目にかかり、その謦咳に接することができた。

藤井日達上人は、昭和六年に単身でインドに渡航し、日蓮の仏法をインドに返す、そういう使命感に燃えて彼の地で乞食坊主同然の生活をしながら、題目を唱え太鼓をたたいて歩いた人である。そして、あのマハトマ・ガンディーに出会い、非暴力の思想をたたき込まれる。やがて日中戦争がはじまると、従軍僧として中国におもむいた。南京城の攻防戦のときには、弟子たちが日蓮宗の旗を掲げて城壁を上ることがあったという。いつのまにか戦争に協力するナショナリストになっていた。だが戦争が終わって日本に帰ると、今度は、一転して果敢な平和主義運動に身を投じていく。戦後になって、国内では成田闘争から反米・反核・平和運動などさまざまな闘争が相次いだが、その現場に必ず太鼓をたたき題目を唱える藤井日達上人とその弟子たちの姿があった。

私はかねがね、明治以降の近代日本を代表する宗教家が二人いると考えてきた。その一人は内村鑑三、そして二人目が藤井日達上人である。内村鑑三の代表作の一つに『代表的日本人』という著作があって、そのなかで内村は、代表的日本人として五人の名を挙げその一人に日蓮を選んでいる。そして奇しくも藤井日達上人もまた、その日蓮に導かれてインドまで伝道にでかけた法華の行者だった。

明治以後、日本の近代を代表する宗教家といえば、もちろん禅の鈴木大拙がいる。浄土真宗の清沢満之がいる。それなのになぜここでは内村鑑三と藤井日達という二人なのか。二人とも日蓮という宗教的人格に深いかかわりのある人物である。それはいったいどうしてか。その問いに、私はうまく答えることができないできた。だがそこには日本の近代を読み解く重要な契機が含まれているにちがいない。そう私は思ってきたのである。

五・一五事件や二・二六事件にみられるように、近代の日蓮主義はファシズムや革命運動と結びついて受容されてきた。同時にそれは戦後になって創価学会のイデオロギー的基盤にもなっていく。

とにかく日蓮という人物の周辺にはいつでもはげしい渦がまきおこる。尋常ならざるオーラが発光する。

それだからであろう。日本の知識人はこの日蓮にたいして好意的な眼差しをむけることがあまりなかった。ほとんどないといってもいいくらいだ。

そんななかで内村鑑三だけは違っていた。私が内村鑑三に関心を持つようになったのもそのことが大きい。何しろ彼は『代表的日本人』のなかで西郷隆盛や上杉鷹山、二宮尊徳や中江藤樹と並べて日蓮を挙げているほどだ。その列伝の最後を飾る日蓮について内村鑑三は「争闘性を差引きし日蓮は、我等の理想的宗教家である」といっている。

アシュラ型人間への願望

なつかしい思い出がある。仙台を去り、東京に出てまもないころだった。

ある放送局の企画で、漫画家のジョージ・秋山さんと話し合う機会があった。

ジョージ・秋山さんは『アシュラ』でデビューし、当時は『浮浪雲《はぐれぐも》』の連作で人気絶頂の作家だった。その読者も若い世代から中年層にまで及んでいた。

『アシュラ』は氏が二十二歳になったときの作品で、発表されるや世間からごうごうの非難の声がまきおこった。というのもこの漫画では、チビの主人公の「アシュラ」が妖怪じみた格好で登場し、人肉を食ったり酷薄無情の言動を繰り返したりするからだった。まずＰＴＡが騒ぎだし、小・中学校が悪書として槍玉に挙げ、作者はまるで悪魔の手先であるかのように告発されたのである。

「アシュラ」というのはもともと「阿修羅」と書き、仏教で「悪魔」を意味する言葉だった。けれども当時二十二歳になったばかりの秋山さんは、そのことをまったく知らなかった。たまたま「アシュラ」という音声が頭のなかにひびきわたり、主人公の名前にしたのだという。

氏は高校を卒業して上京し、漫画修行の遍歴を重ねた。そのときの苦労の体験が『アシュラ』のなかにも反映しているのであろう。話のなかで秋山さんは、「もしも漫画を描かなかったら自分は人を殺していたかもしれない」とポツリといった。永山則夫のような殺人犯と自分が違うのは、漫画を描いたという点にあるのかもしれない……。

私は、ジョージ・秋山さんのそのような思いを自然に納得することができた。もともと人間というのは青春の危うい一時期を、そのようにしてくぐり抜けていくのではないだろうか。私にも思いあたるふしがあったからである。

大当りをとっていた人気シリーズ『浮浪雲』の主人公は東海道に縄ばりを持つ雲助集団の親方であるが、その行動たるやどこまでもさっそうとしていて若々しい。そこにニヒルやセンチのひとかけらもみられないところが、それまでの漫画にでてくる一匹狼的な主人公たちとは一味違っている。そちらにたいしてこの新しいタイプの一匹狼は、愛嬌のある妻とすばしっこい息子といっしょに生活している。いわば家庭持ちの浮浪者といった趣きであるが、ときに型破りの子育てのショットが挿入されたりしていて微笑を誘う。

こうした漫画世界をとらえて、アシュラ型の人間がついにマイホーム型の人間に陥没してしまったのだと非難する向きもないではなかった。けれどもそこには、現代日本人のありのままの願望が表現されていたのではあるまいか。

自由な一匹狼でありたいという願望が一つ。そしてそれと同時にもう一つが、活気にあふれた幸福な家庭を持ちたいという虫のいい願望である。

しかし一匹狼の一匹狼たるゆえんは、やはり秋山さん自身のいう「アシュラ」体験のなかに凝縮されているのであろう。そこには初動的な覇気とやむにやまれぬ野心が渦巻いていたはずである。

その渦巻きのオーラが日蓮の存在感とどこかで通じている。藤井日達上人の波瀾に満ちたはげしい人生を私に喚起するのである。

「アシュラ（阿修羅）」という名の一匹狼、である。

こうして以下においては、回想のなかからいま挙げた三人の人物を取り上げることにする。金倉圓照先生を通して研究者像というもの、その核のようなものについてつねづね念頭にあったことを明らかにしてみたい、それから、編集者魂というものを神田龍一さんを通して追いかけてみようと思う。最後に、真の宗教的人格というと堅苦しく難しくなるが、宗教的人格の本質とは何かといったことを、藤井日達上人を通して追跡してみたい、そういううまくいくかどうか見当もつかないような構想をたててみたわけである。

第一章　「恩人」という言葉

「恩人」の出典

私はこれまで「恩人」という言葉を普通に使ってきた。使い慣れた包丁のように使ってきた。おそらく世間もそうだったのではないだろうか。

ところがその「恩人」という言葉の出典はどこかと探ってみると、それがよくわからない。インド哲学という文献学の分野で研究者としての仕事をはじめたので、どうしても気になる。少々調べてみてわかったのだが、驚いたことに「恩人」という言葉はどうやら和製漢語であるらしい。少なくとも中国渡来の漢語ではないらしいことがわかってきた。中国文献には一切でてこないのである。諸橋轍次の『大漢和辞典』を見ても『日本国語大辞典』にあたってみても手がかりがまるでない。そんなこんなでこの「恩人」という言葉を手探りするようになったのだが、そのうちに、夏目漱石の名前にぶつかった。漱石の小説のなかにこの言葉が印象的な形ででてくることに気づいたのである。

それが『虞美人草』だった。

これは、漱石が東京帝国大学を辞めて、朝日新聞社に入社し、職業作家として新しい人生を歩きだそうとしたときの最初の作品である。漱石といえば、『虞美人草』はあまり人気のある作品とはいえないだろう。『吾輩は猫である』とか『草枕』とくらべればわかる。『三四郎』『こゝろ』

や『道草』『明暗』といった作品にくらべ、取り上げられることのまことに少ない作品である。私もじつは、この『虞美人草』という作品をきちんと読んだ記憶がまるでなかった。今度読み直してみると、そのなかに、「恩人」という言葉がいくつかの場面にでてくる。「恩知らず」という言葉もそれと並んであらわれる。いま私たちはこうした言葉遣いをあまり意識せずに簡単に使っているけれども、この「恩人」という言葉を当時使っていた漱石の真意ははたして何だったのか、それが気になりだしたのである。これを明らかにしないことには、一歩も先にすすめない気持ちになってきたのである。

その漱石の『虞美人草』であるが、主人公の一人が「小野さん」。帝大を銀時計組ででた秀才である。京都での、貧しい暗い時代に「井上孤堂先生」の世話になっていた。先生に絣の着物をこしらえてもらったり、年に二十円の月謝を出してもらったりしていた。その先生には「小夜子」という一人娘がいて、ゆくゆくは小野さんの嫁にと期待している。ところがいざ大学を卒業するときになって、同級の友人「甲野さん」の義理の妹「藤尾」に出会う。これが虚栄心で身を包む自己主張のつよい近代的な女性で、小野さんはみるみるその魅力にひかれていった。孤堂先生への「義理」を忘れ、小夜子への「人情」を放りだして、藤尾と結婚しようと思うにいたる。

ところがそのことを知ったもう一人の友人の「宗近君」が割りこんでくる。そしてそんな「道義心」のないことでどうするのかといって怒り、小野さんの翻意をうながす。宗近君は体育系の男で、外交官をめざしている。結局、最後の場面で小野さんははっと気づき、藤尾をあきらめて小夜子と暮らそうと決意する。こうして新文明を体現するヒロイン藤尾は、旧世界の道義に破れ、毒を仰いで死を遂げてしまう。

この一連の物語からわかるように漱石は、何らかの恩義のある人にたいしてはおのずから守らなければならない義務というか、負い目があると考えていたようだ。そしてその恩義のある人のことを「恩人」という言葉で呼んでいるのである。この重苦しい負い目を引き受けなければならない人、それが「恩人」なのだといっている。漱石のいう「道義心」というのも、このような「恩人」にたいする考え方に由来し、それと表裏の関係をなしていることがわかる。旧時代と新文明の価値観のはざまに出現した人間類型だったといえないこともないだろう。この小説の最後のところで、登場人物の一人に、作者はこんなことをいわせている。

「世話になった以上はどうしたって世話になったのさ。それを返してしまうまでは、どうしたって恩は消えやしないからね」。

「恩人」と「恩」

ところが「恩人」ではなく、「恩」という言葉になると、これは古くからあった。仏教にも儒教にもでてくる。よく知られた熟語に「四恩」といういい方がある。四恩思想とか四恩の観念とか、ずっと古い時代から論じられてきた。師にたいする恩、君主にたいする恩、父母にたいする恩、仏にたいする恩などを指し、そのほかに人間にたいする恩という使い方もあった。ところが、「恩人」という言葉は古い由緒のある文献のなかにはほとんど見当らない。断定することはできないが、ほとんど使われていなかったのではないか。これはどうやら、日本人の固有の言葉として幕末から明治にかけて、ということは日本近代の夜明けのころから使われはじめたものではないかと思うようになったのである。

「恩知らず」という言葉はすでに浄瑠璃にでてくる。江戸中期あたりまでさかのぼることができるだろうか。「師の恩」ということになれば、儒教のイデオロギーが背後にあると推測されるけれども、「恩人」の方はそれとはどうも素生がちがうようだ。今日学校でほとんど歌われなくなったが、われわれの世代には懐かしい「仰げば尊し　わが師の恩」といった言葉、これもおそらくそのような文脈のなかで使われていたのであろう。

いろいろ考えてみると、「恩人」と「恩」という問題にかんしてもしかするとわれわれはかなり誤解をしているのではないか、そう思うようになった。それではその誤解をどう解くか。もしかするとそれは、漱石の思想を軸に解くことができるのではないかと、そうも思うようになった。もしもこの誤解を解いたとき、どういう新しい問題がでてくるか、ここでは本論に入っていく前にそんなこともあわせて考えてみたいのである。

「恩」は着るものである

私は数年前、長谷川伸について「義理と人情」というタイトルで本を出した（『義理と人情――長谷川伸と日本人のこころ』新潮選書、二〇一一年）。長谷川伸は周知のように股旅作家と呼ばれ、義理と人情という封建倫理、前近代的な道徳感情をテーマにする前近代的な作家、というような考え方が一般化している。しかし、本当は決してそういうものではないということが、彼の全作品に目を通してみるとわかる。そのことについていまは論じないが、ただその長谷川伸がこんな言葉をのこしていることに、ここでは注意してほしいのである。

「恩というのは、返すものではない。恩は着るものである」。

私はしだいに、ここがどうもポイントのようだと思うようになった。さきの漱石の『虞美人草』でも、そこで使われている「恩人」がそのような文脈のなかにでてくる。日本人の倫理の根底に、恩と感謝の気持ちが横たわっていると指摘する人は多いが、その恩と感謝の基本的な心のあり方とは何かということになると、この長谷川伸の言葉が要所をついているという気がする。ギブ・アンド・テイクの関係ではない、恩を与えるとか、恩を頂くというのでもない、それは、「着るもの」なのだ、といっている。恩を着せるとか、恩着せがましいというういい方はその転用であるが、義理と人情という相関の問題を考えるときに、この恩の問題にたいする長谷川伸のとらえ方が非常に重要だという気がするし、またその方が感情の機微をよく表わしていて面白い。そこには漱石のいう「道義心」の問題もからんでいるからだ。

このことは、彼の初期の作品『草枕』の冒頭の、

「智に働けば角が立つ。情に棹させば流される。意地を通せば窮屈だ」。

というよく知られた言葉にも通ずるだろう。つまりそこで取りだされた智・情・意の相互の関係をどう解釈するかの問題にもこれはかかわってくる。智・情・意のバランスがとれた形になって

いるとき、人間は人間らしく振る舞うことができる、という風に漠然と考えたくなるけれども、漱石の言葉の使い方は、おそらく長谷川伸がいっている「恩は返すものではない、着るものだ」という言葉に通じるものがあると私は思う。恩を返そうとすれば角が立つ、情が棚上げされるからだ。そしてそれは意地っ張りにもみえる。黙ってありがたく頂いておけばいいのだ。その感情の微妙な動きが「着るということ」によく表われている。恩の背景には、義理とか人情という感情にまつわる人間関係がまつわりついていて、そういう義理とか人情の世界で生きている人間が、ある大切な人から、ある助けを得たときに、それは黙って頂いておけばいい、着ればいい、それが恩人というものにたいする大事な態度であり礼儀なのだといっている。恩人の問題を考えるうえで、この長谷川伸的な人間認識と漱石の人間認識とはほとんど同じ土俵で育まれ、生み出されたものではないかと私は思うようになったのである。

アダム・スミスの「見えざる手」

これはだいぶ以前の話であるが、野村證券という大金融機関を巨大な組織に育てあげた田淵節也さんと対談する機会があった。そのとき田淵さんが、「自分は半生の間、株を扱い、金融の世界で生きてきた。それでつくづく思うのだが、この世界には見えざる手が働いていると考えざるをえない」といわれた。私が、「その見えざる手の正体は、一神教の神ですか、多神教の神ですか」と尋ねると、「そりゃ、多神教だよ」と答えがかえってきた。かのアダム・スミスの「見えざる手」というのは、原文ではその上に「神」という言葉がそえられていないけれども、雰囲気としては明らかに、人間がつくりだす経済関係の全体を律しているものは、一神教的な神の「見えざる手」であると、多くの人によって解釈されてきた。田淵さんからその話をきいたとき、日本人の経済活動というか、市場原理についての日本人的な考え方には、なるほど多神教という神々の手が働いているかもしれないと思った。田淵さんとの話から結論らしいものはでなかったが、その議論が転機になって、だんだんこんな風に考えるようになった。

「恩」はギブ・アンド・テイクではない

日本人の考える恩という観念は、西洋的な債権と債務がギブ・アンド・テイクの関係のなかで均衡しているようなところからでてくるものではない。日本人の経済行為の根底には、相手に与えたものはできるだけ少なく評価する。あるいは最小限に評価するけれども、むこうから頂いたものは最大限に、いわば最上の贈り物として受けとる。この一種の不均衡な感覚というか契約の関係というのは、経済用語をあえて使えば、債務至上主義といってもいい。別の言葉でいえば、債権放棄というところまでいくような対人関係の態度を表わしている。対等の経済関係を結びながらも、最終的には、どこかで、債務至上主義という考え方をそこににじませようとする。たとえば、近江商人の商業道徳の基礎をなしたといわれる「お陰さまで」という感覚の根底にもそれが横たわっている。その債務至上主義感覚の伝統が、近代になって、恩や感謝のモダンな解釈へと転換していく。その前近代から近代にかけての文明の端境期というか転換期に立ってものを考えようとしていたのが、長谷川伸であり夏目漱石だったのではないだろうか。

正邪や善悪で判断しない

私は還暦を迎えたころから、こんなことを思うようになった。正邪や善悪を基準にして物ごとを判断することはもうやめにしよう。われわれの世界には人間の問題、社会の問題をはじめとしていろんな事件がおこるが、それを、正か邪か、善か悪かの基準で判断したり、そもそもそういう旗を掲げることはもうやめようと。なぜならば、そのようにして判断してきて間違うことのあまりにも多かったことに気がついたからである。青春時代からのわが身を省みて、たいていの場合間違ってきた。では何を基準にして判断すればよいのかということになるが、それは「義理と人情」だと思うようになったのである。義理と人情というと、あまりにも古めかしいいい方だと思う人が多いだろう。それならば、そのようなイメージを払拭するために「義と情」といい換えてもいい、いやその方が言葉の持つ力強さからいっても、今日の人々に納得してもらえるだろうと考えるようになった。それが長谷川伸の重視する義理と人情といったことの本来の意味だろうと思うのだ。

漱石のテーマ「義理と人情」

そう考えたとき、夏目漱石の小説には、その多くがこの「義と情」をテーマにしたものが作品の底に流れていることにあらためて気づく。漱石の暗い生い立ち、養子にだされたときの体験、人間の心の動きを見つめつづけ、そこに暗澹たる近代的エゴの世界を見出したときの漱石の姿を想像するだけでいい。世間の義理とそこにとぐろをまく人情、それに影響された人間の宿命のような、どうしようもないしがらみの世界のなかで、自我の発動に苦しむ近代の人間はどのように生きていったらいいのか。漱石自身がそういう問題に格闘した人間だった。『道草』という小説をみればわかるが、肉親・近親を中心とする世間的な義理と人情の葛藤のなかで主人公が苦しみぬいている。

けれども、そんな世界を正面から見つめるのは何とも辛い。だんだんそのことに耐えられなくなってきたのが現代の日本人ではないだろうか。おそらくそのためだろうと私は思っているのであるが、世間の関心はそんな漱石の心の暗部を素通りして、『吾輩は猫である』の諧謔、『坊っちゃん』の型破りのユーモア、こういう方面に移っていっている気がする。私はさきに、還暦を過ぎて義と情を軸に物ごとを判断していてほとんど間違うことはなかったといったけれども、漱石も本心ではそう思っていたのではないだろうか。その漱石の心情は長谷川伸のそれともかなり近かったような気がする。なぜなら長谷川伸はこんなこともいっているからだ。

「鮒は川の瀬に住む　小鳥は森に　人は情けの袖に住む」。

何とも気分の休まる都都逸ではある。長谷川伸は揮毫を頼まれるとき、よくこれを色紙に書いたという。いつまでも忘れられなくて、私の記憶にとどまっている言葉だ。

さきに私は、『虞美人草』では「恩人」をめぐって主人公・小野さんの心の動揺が細かに描き出されているといった。そこへさらに作者は「道義心」、つまり義と情の問題を持ちだして、ヒロイン藤尾の生き方に痛打をあびせたという意味のことをいった。しかしやがて漱石は、その人間の「こころ」のなかには善人も住めば悪人も住んでいると考えるようになる。そのことが後の

『こゝろ』という小説のなかにでてくる。「先生と遺書」という最後の章に、こういう言葉がでてくるからだ。

「人間にはいい人間もいれば、悪い人間もいる。善人もいれば、悪人もいる。しかし、実は善人の心の中に悪人が住んでいるのだ」。

単純な善悪の旗を掲げるなかれ、ということを漱石はいっているのである。その言葉の裏側からは、道義心などといっても、そんなものがあてになるものか、という漱石の嘆きの声までがきこえてくるようだ。私は、この漱石の発言は日本の思想史のなかでもきわめて重大な発言だと思ってきた。

「なぜ人は人を殺してはいけないんですか」

いつだったか、高校生たちを前にして話をしているときに、後からこういう質問を受けた。

「最近は残酷な殺人事件がおこりますが、なぜ人は人を殺すんですか。なぜ人は人を殺してはいけないんですか」。

私は返答に窮し、言葉を詰まらせたけれども、こう答えた。

自分を含めて、人間というのはそもそも、瞬間的には神になることはできるけれど、神でありつづけることはできない。そういう生きものだ。水に溺れた子どもをみて、誰でもとっさには、飛び込んで助けたいと思うけれども、しかしそれはほんの一瞬のことであって実際なかなか飛び込むことはできないだろう。しかし、助けたいと思うときその本人は神になっている、一瞬だけれども。ただ、そのままいつまでも神でありつづけることができないだけだ。

同じように、たとえば好きな女性がいて、それを横手から友人にとられるようなことがあると、今度はその友人を殺したいと思う。そういう体験が私にもあった。ほんとうに。そのとき一瞬、私は悪魔になっていたのだと思う。けれども、私はそのまま悪人でありつづけることはできなかった。人間とはそういうものではないかと。

葛藤のなかで「恩人」を考える

漱石は善人とか悪人というものを、いつも相対的な関係性のなかでとらえていて、そういうことを念頭において、「恩人」という言葉を使っていたのだろう。一つの仮説としてではあるが、私はいまではそんな風に考えるようになった。義理と人情の葛藤のなかで、しかし人間関係として大事にしなければならない問題として、恩とか恩人という問題を考えていた。単純に善とか悪とかという問題では割り切れない。けれども、恩人といいながら、道義心というテーマを同時に考えながら、その恩人にたいする人間としての振る舞い方にこだわり、心のなかではそれを重荷に感じている、つまり重苦しい負い目になっている。それは自分の心のなかに悪人が顔をだしているということではないかと。そしてそのように考えをつめていくと、恩人の問題はたんに善か悪かの枠組みではは《ママ》かれないような葛藤の舞台でもあることがみえてくるのである。

三人の「恩人」を激しく考え、優しく語る

それからもう一つ。若いころ、私は激しく考えることを好んだ。ものを考えていると、いつのまにかつきつめて考えていた。針を一点につき刺すように、過激に考える癖がついていたといっていいかもしれない。

文学にかぶれた少年のころは、文学の世界だけが人生そのものであると思いこんでいた。またマルクス・ボーイのころは、マルクスだけが正義の味方で、社会主義や共産主義の世界だけが人

生のすべてと信じこむようになっていた。

しかしやがて、ものを激しく考えることは、場合によっては独断にしか行きつかないということに気づくようになった。なぜなら激しく考えたことを言葉にしてみると、それはなかなか人のこころにとどくような言葉にはならなかったからである。刺《とげ》のような激しい言葉が宙に舞って、空虚な飛翔《ひしょう》をしているようにしかみえなくなったからだ。

要するに、激しくものを考えるとはいっても、それはたんにそのものにかぶれているだけだったのである。文学少年のころはたんに文学にかぶれていただけ、マルクス・ボーイのころもたんにマルクスにかぶれていただけのこと――そういう反省の時期がやってきたのである。

しかしながら、そうはいってもものを激しく考える性癖だけはなかなか直らなかった。それが性格からくるのか、信念のようなものからくるのか、自分でもよくわからなかった。いっぺん身につけたものは、捨て去ることができないようになっていたのである。

いつのころだったろうか。激しく考えたことを、どうしたら他人にわかってもらえるような言葉で伝えることができるだろうか、と思うようになった。激しく考えたことをどうしたら説得力のある言葉におきかえることができるだろうかと、あれこれ思い惑うようになった。それまでの私は、激しく考えたことを、じつに難しい言葉で表現していたのである。気どったり、技巧をこらしたり、人目を驚かすような言葉で飾り立てたりしていい気になっていたのである。やがて、そんな難しい言葉をくりだせばくりだすほど、ものを激しく考えることがだんだんできなくなっていくということにも気づくようになった。

優しく語らなければならないと思うようになったのが、そんなときだった。難しい言葉から解放されなければならないと痛切に思うようになった。激しく考えることがものの本質に肉薄していくことを意味するのだとすれば、ますますその本質はわかりやすい言葉で表現されなければならないと思うようになった。いや、ものの本質とは、誰の目にも明らかな、単純な形と姿を持っているはずではないかと考えるようになったのである。

そう思ったとき、私の口から自然に「激しく考え、優しく語る」という言葉がこぼれ落ちてきたのである。

私はこのことを、これから三人の恩人について語るときの座右の銘にしておこうと思う。

第二章　国破れて山河あり

この世から抹殺された師

敗戦の年、私は旧制中学の二年だった。岩手県花巻の田舎で、あの終戦を告げるラジオ放送をきいていた。その八月十五日の玉音放送をきいたとき、私は全身にしみ入るような解放感にひたっていた。中途半端だった軍国少年から、たちまちのうちに民主主義少年に変身していたのである。

その敗戦のときから長いあいだ、師という存在が私の眼前から消え去っていた。それがいつしか、師などは要らぬものという確信に変わっていった。

師をこの世から抹殺したのは、何も私だけではなかった。まず、日本の社会がそれを抹殺した。学校の現場がその存在に暗幕をはり、追放の刑に処した。それだけではなかった。現場の教師たち自身が師の衣を脱ぎ捨て、それを宙に放り投げた。

師の姿は、恩師、恩人の観念とともに、戦後日本の焼跡から焼夷弾や爆弾の匂いとともに放逐され、どこにもみられなくなったのである。師という存在が根こそぎ地上から消え失せていったあとの空間は、自由の気に満ちていた。平等、平等のかけ声にあふれ返っていた。そのあまりにも明るい、そして何でも猥雑に混じり合って沸騰する空間を、私も陽が昇ってから沈むまで享受して倦むことがなかった。その解放感のなかで、私もまた師という存在を抹殺する大合唱の仲間にまぎれこんで、われを忘れたのである。今から振り返ってみれば、なつかしい思い出というほかはない。

師とはこの人を指すのか

やがて、転機が訪れた。

昭和二十五年に東北大学に入り、インド哲学を勉強するようになった。寺に生まれたから、インドのことを学んでみようか、そんな単純な動機だったように思う。

三年になって専門課程にすすんだとき、もしもこの世に師というものが存在するとすれば、このような人を指すのかと思わせるような存在に出会った。それが、金倉圓照先生だった。

卒業してもどこにも就職口がなく、仕方なく大学院にすすんだときから、少しずつそのわが師の人間にふれるようになった。

何とも近寄りがたかった。謹厳、謹直をまさに絵に描いたような先生だった。

最初に研究室に入ったときのことが忘れられない。その部屋の全体にドイツの気配が満ち満ちていたからだ。ドイツ精神の気配、といってもいい。四方の壁の書棚は専門のサンスクリット語（インドの古典語）関係の本のほかに、ドイツ語の本でほぼ埋めつくされている。先生の研究机の上は、底光りがするほど磨きあげられていた。日常的に使用される身の廻りのものは、茶器、掃除用具にいたるまで整理・整頓されていた。

塵一つ落ちていない、ほこり一つ目にとまらない、入室する以前からすでにそう思わせずにはいない雰囲気が一面に立ちこめていた。

研究室の奥まった一角に、師は背筋をすっと伸ばして坐り、ノックをして恐る恐る入っていった無作法丸出しの私の方にじっと静かな視線を注いでいた。

ドイツは第二次世界大戦を日本とともに戦って敗れた国だったが、研究室にはそのドイツの精神は微動だにせず、凜として息づいていたのである。

学問はこのドイツ精神ではじまるのだということを、この先生との研究室における出会いでしたたかに教えられたようだ。そのときはまったく気がつかなかったが、いまあらためて痛切にそう思う。

教師とは一度は必ず裏切られる

時が経つ。

大学院に入って二年が過ぎ、修士論文を書きあげて先生の研究室にご挨拶におもむいたときのことだ。ちょうど市内の女学校で、社会科を教える非常勤の職につくことになっていて、そのことを報告するためでもあった。

私の話をじっときいていた先生は、最後になってポツンといわれた。

「教師というものは、一度は必ず学生に裏切られるものなんです」。

突然、私は何をいわれたのかがわからず、ただポカンとしていたことを覚えている。先生がいったい何をいおうとされているのか、つかみかねていた。ほとんど半信半疑のまま研究室をでたが、その先生の言葉を私は、どんな学生・生徒でも必ず教師を裏切る、というように受けとって、衝撃を受けたのである。

だが私はその後の半世紀にわたる自分自身の教師生活のなかで、そのことをいやというほど知らされることになった。

私は大学をでてから、さきほどもいったようにまず女学校の教師をした。中学校にも通った。高校でも教え、大学でも教えた。晩年になって停年を迎えたころ、小学校でも教える機会を持った。

学校をでてから、約半世紀間、断続的に学校に通って教師生活をつづけてきたことになる。まだ教えたことのないところは幼稚園ぐらいかもしれない。

私は中学生だったとき、社会科の時間に小説を読んでいて発見され、教師になぐられ廊下に追いだされたことがある。のち中学校の教師になったとき、私の授業を無視してドストエフスキーに読みふけっている女子生徒を発見して、力なく引きさがったこともある。ドストエフスキーにはとても勝てないと思ったのだ。まだある。ある大学の大講義室で教えていたとき、板書しているすきに廊下に逃げだした学生を追いかけて問いつめ、はげしく叱責したこともある。

こんな経験は数えあげていけばきりもない。むろん誰でも経験していることだろう。どれもこれも、苦い思い出となって記憶の底に沈澱している。要するに私の教師体験はどの断片を切りとっても、私が最初に思い描いていた教育の世界とはあまりにもかけ離れたものだった。そんなとき、いつも念頭に蘇ってくるのがさきの金倉先生の言葉だった。教師とは学生に必ず裏切られる存在だという言葉だった。そしてその言葉にいつも励まされている自分がそこにいたのである。

もう一つ、私がその先生の言葉からえた教訓がある。学生は教師の目をごまかすことができるが、しかし教師の方は学生の前で学生たちの目をごまかすことはできないということだ。学生は教師の目からいわば自分の背中を隠すことができる。しかし教師は、学生の目の前では完全に無防備である。そしてそれだからこそ、彼はおそらく教師なのである。それが教師の宿命というものではないか。

金倉先生は、そのような教師の宿命を静かに受けとめ、そしてそれを平然と背負っている、そういう教師だった。

六十代のころから「恩人」を考えるようになる

六十代に入ったころからだったと思う。以前は還暦という言葉があったけれども、そのような意識は私にはもうなかった。還暦といった停車駅は、新幹線に乗って揺られているうちに、あっという間に通り過ぎていった。そのころ社会的にどんな事件がおこり、自分の身の上にどんな変化があったのかも思いだせない。

やはりそのころからだろうか、いつのまにか「恩人」ということを考えるようになっていた。人生も半ばを過ぎて、「恩」や「師」ということを考えるようになっていたからだろう。恩師という言葉もしだいに身近に感じられるようになっていた。

そのうちに恩師という何となく由緒のある言葉のほかに恩人といういい方もあるのだということに気がついた。はじめのうちはどれほど違うのだろうなどと漠然と考えていたが、自然に金倉圓照先生のお墓参りをしなければならないな、と思うようになった。何となく口からでたのが恩師の墓参りという言葉だった。それは恩人の墓参り、というのとはちょっとニュアンスが違っていた。

比較的新しい和製漢語「恩人」

さきにも述べたように恩人と恩師のあいだを行ったり来たりするようになったのである。手元の辞典などで調べてみると、恩師という言葉にはときにインドや中国にまでさかのぼる来歴のあることがわかる。けれども恩人といういい方にはそのつみ重ねのようなものがみられない。比較的新しい和製漢語であるらしいことがみえてきた。用例をみていくと古くてもせいぜい江戸時代ごろからで、さきにもふれたように夏目漱石が小説『虞美人草』で使用していることを知って驚いたのだ。

漱石は、恩人という言葉に恩師に近い意味を持たせてはいるけれども、しかしよくよく読みすすめていくと、恩を受ける側に、何か重苦しい荷物を担わせようとしているところがみえてきた。負い目のお荷物といってもいい。ところが恩師という言葉にはそれがみられない。敬愛や尊敬の念を一方的に捧げようとしている側の気持ちが、恩師といういい方からはつよく伝わってくるからだ。長谷川伸のいう「恩は返すものではない、着るものだ」といういい方にも、この「恩人」的な感覚が息づいている。

漱石が考えているように、恩人という言葉に、一種の負い目のような感情を含ませていることがわかるからである。

心の負担になっていた墓参り

恩人のことを恩師という言葉とつき合せながら考えはじめたときに、自然に念頭に蘇ったのが、恩師の墓参りである。不思議に、恩人の墓参りではなかった。そのお墓参りを還暦を過ぎるまで放っておいたのが何となく心の負担になっていた。そういう点からすれば、いまごろになってその深い恩恵を受けた人の墓参りをしなければと思う気持ちのなかに、自責の念がひそんでいることを思わないわけにはいかなかった。漱石流にたとえれば、これは恩師の墓参りというよりは恩人の墓参りというべきかもしれなかったのである。

それにしてもわが生涯で忘れることができない大きな恩恵を受けた人のお墓にお参りしたいと思う、この墓参り願望とはいったい何だろう。

二〇一一年の三・一一のあの大災害のとき、私は京都にいたが、その一カ月半後になって三陸沿岸の被災地に旅をした。伊丹空港から山形空港まで飛行機で、そこから車に乗って仙台に入り東松島、石巻、そして沿岸を北上して気仙沼まで行った。このことについては何度も書いてきたから、重ねてはいわないが、現地を訪れて本当に言葉を失った。あの惨状のなかで、数多くの遺体があちらこちらに投げ出されている、そしてその遺体の前で被災者の方々が茫然と立ちすくんでいる。私は実際に遺体をみることはなかったけれども、強烈な腐敗臭に身をさらして血の気を失っていた。自衛隊や消防団の人々が遺体の収集にあたっていたが、その現場を一般にはあまり見せないような配慮の下に処理をしているようだった。そのとき心のなかに自然に浮かびあがってきた和歌があった。万葉集の大伴家持の歌――、

海行かば水漬《みず》く屍
山行かば草生《くさむ》す屍
…………

まさにその通りの状況だった。その歌の調べを口の端にのせているうちに、ふと、万葉人たちはその屍《かばね》という言葉にどういうイメージを抱いていたのだろうと思った。万葉集には挽歌、死者

を悼む歌がたくさんでてくる。全作品のほぼ半分を挽歌が占めているといってもいいくらいだ。人は死ぬと、その遺体を山の麓などに放置する。風葬にするわけで、するとその遺体から魂が抜けでて山上にのぼり、山のカミになる、そういう趣旨の歌がほとんどである。家持のさきの歌には屍という言葉しかでてこないけれども、当時の人々はその死者の屍を通して、魂の行方を想像していたのである。大事なのは、魂の行方であって、あとに残された遺体は、いわば魂の抜け殻であるにすぎない。そういう人間観というか信仰を持っていたのだろう。

私が訪ねたときは、ちょうど空が晴れ上がり、波はしずかに輝いていた。海は凪いでいて、振り返ると、廃墟のかなたにみえる山並みも美しい稜線をみせていた。ああ、この美しい自然こそが絶望的な状況の人々の心を最終的には癒してくれる、そう思った。しかし私には、そこに投げだされている遺体から抜けでていく魂のゆくえを想像することはとてもできなかった。ただ、信時潔の作ったあの「海行かば」の調べだけが頭のなかでひびいていたのである。

墓参りへの衝動

第二次世界大戦がはじまったのは私が小学校四年のときだったが、毎日のように、その歌がラジオから流されていたし、学校でもいつも歌わされていた。意味はよくわからなかったが、あのメロディーだけはいつのまにか五臓六腑にしみこむようになっていた。被災地で遺体に直面させられても、死者の魂を実感できない自分が、そこにいたのである。魂の行方に想像の翼をひろげることができない。茫然と、わが墳墓の地の荒廃した光景の前に立ちすくむほかはなかったのだ。

自然に浮かび上がってきたのが「国破れて山河あり」という言葉だった。国家は経済的に繁栄しているけれども、国土は荒れに荒れている。死者の鎮魂すらおぼつかない。経済的にいくら繁栄しても、国は破れ血を流している、国土は荒廃している。けれどもそこには、いまなお豊かな山河が傷つくことなく息づいているではないか。山や森や川が生気をとりもどしている。太古からの原風景をそのままみせて、横たわっているではないか。われわれが最終的におもむくべき世界であるという感覚がふと蘇る。その山野こそが最後に残された故郷なのだと。

この感情が恩人という言葉を喚起するようだと考えるようになっていた。恩人にたいする恩返しの感覚である。恩知らずのままではとてもいられない、それが墓参りの衝動へと私を駆り立てたのかもしれない。

二〇一四年の七月十二日、私は師の墳墓の地への旅を思い立った。その地は九州の薩摩半島の最南端、坊《ぼう》の津《つ》というところだ。坊の津は、かの鑑真和上が上陸したところとして知られる。地図でみると、曲りくねったリアス式海岸の奥まった片隅にある。わが師の人生の原点ともいうべき土地である。わが師の学問の原風景が鑑真の幻影と重なってそこに横たわっているにちがいない、そんな思いが旅のなかで胸のうちにひろがっていった。

第三章　坊の津への旅

半世紀前の自分の姿が映る

京都から新幹線の「のぞみ」で新大阪へ、そこで同じ鹿児島行きの新幹線「さくら」に乗り換える。車窓からみえる光景は、これまでの博多行と変わらない。トンネルをくぐってばかりいる退屈な時間が流れていく。

いつものことでトロトロと眠気がさしてくる。あっという間に過ぎていく窓の外のむこう側の光景に、半世紀前の自分の若い姿が映っていた。その輪郭がしだいに大きくふくらんでいく。結婚したときのことだ。お祝いに師から一枚の色紙をもらったことが記憶に蘇ってきた。先生ご夫妻に仲人になっていただいたのだった。長いあいだ忘れていた言葉が、その色紙には書かれていた。

閑閑《かんかん》たる雎鳩《しょきゅう》は
河の洲《す》に在り
窈窕《ようちょう》たる淑女《しゅくじょ》は
君子《くんし》の好逑《こうきゅう》

川合康三氏の訳では、こうなる。「カンカンと鳴くミサゴの鳥が、川の中洲にいる。／しとやかなお嬢さんは、殿方とよくお似合い」（『中国名詩選』上、岩波文庫、四二頁）。

訳注に、「雎鳩」はミサゴとある。水辺に棲む猛禽であるが、雌雄の仲がよい。それで後半の句とうまくつながる。中国最古の詩集である『詩経』にでるという。

先生のありがたいはなむけの言葉だったが、ミサゴ（雎鳩）が猛禽類の一種であることは、長いあいだ知らなかった。その年老いた雄のミサゴが、いま、恩師の墳墓の地にむかって飛んでいこうとしている。

子どもがまだ幼かったころ、われわれ親子は年に二度ほど、世田谷の桜新町にあった先生のお宅を訪ねることにしていた。

人並みの貧乏生活で、私は安酒を飲みつづける毎日だったが、そのときばかりはやや背筋をのばして、アゴを引くような気分になっていた。

訪ねて行けば、必ず奥様が寿司をとって下さり、ビールが一本そえられていた。ときどき、近頃どうしているかね、何をやっているのかね、などと先生の声がかかる。いまはもう何を話題にしていたのか忘れてしまったが、その間先生は、ビールも飲まずにただ黙って私の話を聞いている。「ふん、ふん」とうなずいて、聞いておられるだけだった。学問の話をするわけでもなかった。

世間の話を楽しむような風でもなかった。静かな視線を私にむけているだけだったような気がする。

一時間、二時間が過ぎて、辞去するときがくる。玄関で挨拶をして、門を出る。あとは親子三人で、電車が通っている路まで歩いていく。不思議なことにゆっくり歩いているうちに、いつのまにか温かいものが胸のうちにあふれてくるのだった。半世紀前の東京世田谷の、あのなつかしい桜新町の風景が車窓の外に浮かんでいる。

新幹線は関門トンネルをくぐり小倉に近づいているようだった。終着駅の鹿児島までは、まだ間がある。腹も空いてきて、思い出が空転しはじめている。

以前、仕事で北九州市に行ったことがある。あいた時間を利用して松本清張記念館をのぞいたときだった。東京にあった書斎や書庫を、そっくりそのままの姿で移転し、再現したということで話題になっていたのである。

三万冊に及ぶ蔵書の迫力はさすがであったが、私の興味をひいたのは書斎の片隅におかれている仕事机だった。書籍や書類が山と積まれ、薄あかりの光の下に重苦しい雰囲気がただよっている。煙草を片手に、校正ゲラをみている着物姿の作家の大きな写真が、そばに掲げられていた。イ学生のころのひとこまが、ふと浮かんでくる。私は師の文章にいつもひきつけられていた。

ンド哲学をめぐる散文的叙述に学ぶというより、師の文章の方に関心を持つようになっていた。明晰な文章でつづられていて、とてもわかりやすかったことが印象につよくのこっている。研究室の雰囲気も、松本清張の書斎とは天と地の差があった。

金倉先生の生涯

ここで、師の生涯を回顧しておこう。幸い、佐伯真光氏の簡潔な記述がある。

金倉圓照（一八九六（明治二九）・一一・一七～一九八七（昭和六二）・一・二四）、印度哲学者。鹿児島県生まれ。一九二〇（大九）年東大印度哲学科卒。ヨーロッパに留学し、H・ヤコービに師事。二九～六〇年東北大教授、のち立正大教授、六七年宮城教育大学長を歴任。日本学士院会員に推された。『吠檀多《ヴェーダーンタ》哲学の研究』をはじめとして、インド哲学、仏教学に関する多数の著書・論文を発表、五五年、六三年の二度にわたり日本学士院賞受賞。宇井伯寿の学風をうけつぎ、原典にもとづき一字一句もゆるがせにしない研究方法、自らを律する生活態度と他人への寛宏さ、後進・門下生を対等の研究者として遇する謙虚さなどから、文字通り印度哲学・仏教学界の最高権威として敬慕された。八五年文化功労者（『現代日本』朝日人物事典』朝日新聞社編、四六六頁)。

ここには書かれていないけれども、先生には岩波書店から刊行された『印度古代精神史』(一九三九年)と『印度中世精神史・上』(一九四九年)の大著があり、残念ながら後者の下巻は未定稿のまま出版されなかった。

私がひかれた師の文章というのが、この印度の古代と中世の「精神史」をめぐる記述だった。繰り返し読み返し、その文章の癖まで諳んじていたように思う。

金倉圓照先生

後年になってから、ふと気がついてわれながら驚いたのであるが、私はいくつかの自著のタイトルにその「精神史」の表現を知らず知らずのうちに使っていたのである。無意識のうちに借用するまでになっていたのかもしれない。一冊目が『日本人の霊魂観——鎮魂と禁欲の精神史』、二冊目が『悲しみの精神史』、そして

『「歌」の精神史』であり、『乞食の精神誌』というのまである。別に「精神」という言葉にこだわっていたわけではなかったのだが、何となくキーワードになりうる重要な観念ではないかと感じていた。

もっとも一冊目をだした一九七〇年代にはその言葉はあまり使われていなかった。むしろ使用することが時代の流れで回避されていたのではないだろうか。そのころ流行していたのは「思想」とか「心性」といったキーワードだったように思う。ところが不思議なことに二〇〇〇年をこえたあたりから変化の徴候があらわれた。右をみても左をみても「精神」という言葉がふたたび使われだしていたからである。それもまた、「戦後七十年」を迎えるわれわれの心性の変化を表わすものだったのかもしれない。はじめて師の研究室に入ったとき、部屋のすみずみにまでしみこんでいた「ドイツ精神」の雰囲気が、師のふるさとへの旅のなかで車内に満ちてくるようだった。

サンスクリット語からドイツ古典へ

学生のころ、インドの哲学を選び、否応もなくサンスクリット語の学習にせき立てられるようになったが、いっこうに身が入らなかった。

言葉の壁によじのぼることが何とも徒労に思われ、そこから逃れようとして寄り道がはじまる。インドの古典劇『シャクンタラー姫』の存在を知ったのも、そのような寄り道での出会いによるものだった。作者の名がカーリダーサ、いまではその生かじりで覚えた名前もなつかしいセピア色の額縁のなかで輝いているだけだ。また世界最長の叙事詩といわれる『マハーバーラタ』や『ラーマーヤナ』のテキストにふれたことで、インドの社会の内部を少しでものぞきみるような気分にもなっていた。

それでも、どうも腰がすわらない。関心の水平移動を抑えることができなかった。たまたま岩波文庫版のアリストテレス著『詩学』を手にとり、読みはじめてびっくり仰天したことを覚えている。いま手元にあるのは昭和二十九年に第三刷として発行されたもので、臨時定価が「百貳拾圓」と印刷されている。訳者はこの分野の第一人者、松浦嘉一氏だった。

なぜ仰天したかといえば、アリストテレス『詩学』のテキスト本文（一～二十六章）の日本語訳の部分がわずか七十二頁であるのにたいして、その前後に膨大な量の緒論、解説、注釈が、ほとんど均衡を度外視するような形で配されていたからだ。ちなみにいうとその緒論では『詩学』本文テキストにかんする歴史、異本、諸家の読みなどの記述がえんえん五十四頁に及び、さらに後半に付された「解説」と「注釈」の段になると、なんと一三五頁余の分量があてられている。さきの緒論と合して、総計一八九頁となる。なるほど、本格的な「解説」「注釈」の仕事というのはかくのごときものかと、わが身を顧みて長嘆息したことが忘れられない。

その松浦嘉一氏の手引きによって読んでいったアリストテレス『詩学』の「注釈」のなかで出会ったのが、ドイツの代表的な古典文献学者、ヴィラモーヴィッツ＝メーレンドルフの名だった。一八四八年に生まれ、一九三一年に死去しているから、私が生まれたときに、この世を去っている。文献学者として出発したニーチェの「仇敵」となったといわれる人物だ。なぜニーチェの仇敵になったのか私にはわからないことだったが、『詩学』の注釈にかんしていえば、そこに展開されるアリストテレスの「悲劇《トラゴーディア》」の解釈において今日最高の水準を示しているのだという。

私の関心の水平移動がこのドイツの古典学者の名に行きついたのは、さきにふれたインドの古典劇のほとんどがさきのカーリダーサの『シャクンタラー姫』の場合を含めて、ハッピーエンドに終わる調和劇の傾向を示していたからだった。ギリシャ悲劇とインド古典の調和劇の対照が、当時の私の目にはあまりにも鮮やかに映っていたからである。

以来、「ヴィラモーヴィッツ、ヴィラモーヴィッツ」「メーレンドルフ、メーレンドルフ」とつぶやくようになったが、その古典学者の影がわが師のサンスクリット古典学の研究室におけるあの「ドイツ精神」の雰囲気と、どこかで共鳴しはじめていたような気がする。インドの「仏教」が、どんどん現在の自分から遠くなっていく。古い時代のインドが、現代のインドからたんなる過去の血の気の失せた光景に変貌していった。

「カースト」を手がかりに

そんな乾くような焦燥感のなかでいつも眼前に浮かびあがっていたのが、人間と社会のあり方を特徴づける現代インド人を金縛りにしている「カースト」という重石のような言葉だった。それははじめ、人間社会を徹底的に差別するインド固有の階級差別のように私は思っていた。かつてブッダがその不透明感にみちた体系に生涯を賭して抗っていたことが思いだされる。

その差別の体系は、アメリカの黒人差別とも性格を異にし、もちろん日本のいわゆる部落差別の実態とも単純な比較を許さないような歴史の影を帯びてみえていた。

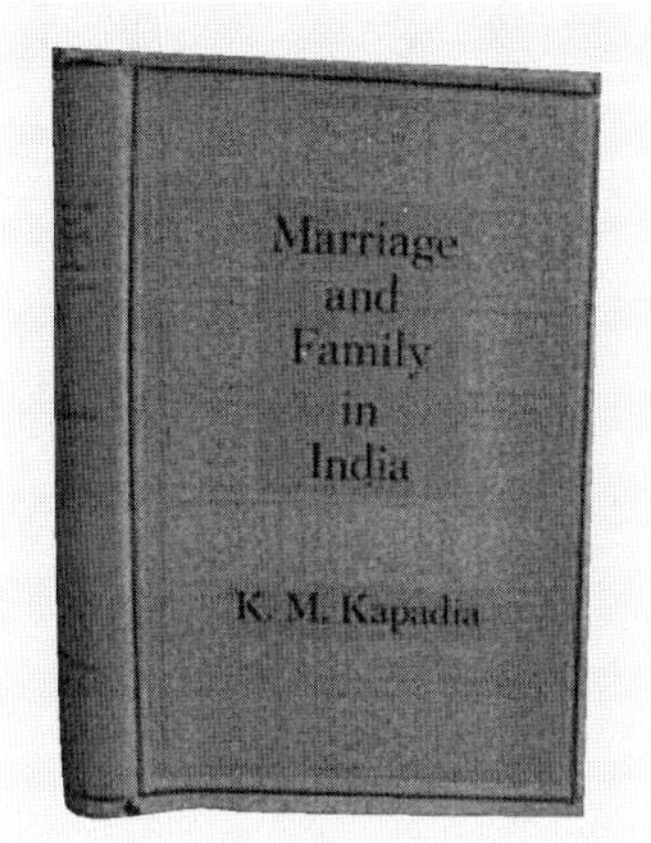

K・M・カパディア著『インドの婚姻と家族』の原書

インドの「仏教」を手元に引き寄せるためにはこの「カースト」を手がかりにするほかはない、インドの古代を現代の切実な関心に結びつけるためにはこの悪名高いカースト差別の実態を探ることからはじめるほかはないだろう、そう思うようになった。

気がついたとき、眼前のサンスクリット文献を放り投げ、腰のすわらないまま人類学や社会学の分野に頭を突っこみ、右往左往するようになっていた。そんな敵前逃亡の遍歴に明け暮れる負い目のなかで、たまたま出会ったのが、『インドの婚姻と家族』という書物だった。著者は、当時ボンベイ大学の社会学部の教授をしていたK・M・カパディア氏、ちなみに原著は、K. M. Kapadia: *Marriage and Family in India*, Indian Branch Oxford University Press, 1958（2nd Edition）というものだった。

四つのライフ・ステージ

どうしてそんなことになったのか。

そこに挙げられている参考書目に興味を持ったということもあったが、あえていえば議論の仕方に現代インドの息吹きを感ずることができたからだった。

「四住期」という一章が目を引いた。古代のほこりをかぶったような伝統的な法律書に出てくる言葉だったが、それが家族や結婚にたいする今日のインド人の生活感覚のなかで論じられていた。

人間は生まれてから死ぬまで四つのライフ・ステージ（四住期）をへてその人生を全うする。第一ステージ「学生期」は、師について学び禁欲生活を送る。第二のステージ「家住期」は、結婚して子を産み、職業に専念する。第三ステージの「林住期」は、生活が安定した段階で旅にでて、自由な世界で遊ぶ。第四ステージ「遊行期」になって、自分の家族や共同体（村）から離れ、ゆるやかに聖者的な世界に入っていく。人々の魂の救済という仕事に専念する。

大部分の人間は第三ステージの「林住期」から、ふたたび家族と村の世俗的な世界に帰っていく。しかし最後の段階に入ったわずかな者だけが第四ステージ「遊行期」に入っていく。

その四つの住期（ライフ・ステージ）を順にたどって、この世を終えるのが理想的な人生であるということが説かれていたのである。なかでも第三の「林住期」的な生き方が誰にとってもはなはだ魅力的な選択肢のように私の目には映っていた。

けれども、もちろんよく考えれば第四の「遊行期」こそまさに仏教の創始者ブッダが選ぼうとした道であり、それが現代インドにおいてはマハトマ・ガンディーその人の人生設計でもあったことに私はやがて気づいた。インドが長いあいだイギリスの植民地だったくびきを断ち切って、祖国を独立に導いた救国の政治家である。

現代のガンディーこそ、まさにブッダその人のもっとも正統的な継承者ではないのかという思いがこみあげてきたのである。インドの古典学をもしも現代インドの水路に流しこもうとするならば、右のカパディア氏のいう「四住期」論が大きな支えになるかもしれない、そのような直観がはたらいたのだった。

慣習法と近代法が入り組むインド

もう一つ、この書物によって蒙をひらかれたことがある。インドは独立後、憲法を制定する過程でイギリス流の近代法を導入した。けれども同時に一〇〇〇年以上の伝統を持つ慣習法を温存することも忘れなかった。温存させることに意を用いたというより、それを否定したり一掃したりすることができなかった。なぜなら慣習法の根幹をなす「カースト」制度を無視したり否定したりすることができなかったからだ。もしもそのような近代改革を徹底しておこなえば、インド社会そのものが根底から崩壊するだろう。そのことを指導者たちは知っていたにちがいない。

慣習法と近代法の入り組む独自の二重構造がこうしてできあがる。独立後のインド国家が選択した道である。その制度の特質が「家族」と「婚姻」のあり方を通してこの本では明らかにされていた。インド流儀の「精神」や「思想」がもしも存在するとしたら、このカパディア氏の研究はその謎を探るうえで重要な示唆を与えるだろう。そのような予感が私にはあった。同時に頭の片隅には、日本においてもこれと同じようなことがおこっていたにちがいないと思ったのだ。明治以降の近代化のなかで、日本流儀に慣習法と近代法を両立させる策が講じられていたからである。たとえば国の根本をかたちづくる「天皇制」……。

インドがだんだん日本に近づいてきた。日本の鏡像までがインドの心臓部で脈動をはじめている。その感触がこの研究書の翻訳をすすめているうちにますますつよくなっていった。

金倉先生の点検作業

何の当てもなく翻訳をはじめたのが、大学院の博士課程にすすんだころだった。金倉先生はまだ在職中だったが、やがて定年で退官し、立正大学に移って東京に転居された。

師が去ったあとのキャンパスには、空虚な大きな穴があいたようだった。そのなかを淋しい風が吹いている。そんな光景に嫌気がさしてきた。そのうち古典的な文献学があっというまにどこかに消え失せてしまった、正直そう思ったのである。

しばらくして、東京に去った師から声がかかった。池袋の護国寺近くに、民間の「鈴木学術財団」という機関がある。仏教やインド学にかんする学術書を編集したり出版したりしているが、そこで仕事をしてみないかと。ちょうどそのころ、サンスクリット語を日本語に翻訳する辞書づくりがそこでは進行していた。つまり「梵和辞典」をつくるための校正・編集の作業である。すでに先輩研究者たちによって膨大な量のカードがつくられていた。それを点検整理して、アルファベット順に並べる基礎作業からはじまって、辞書の形にもっていく。とにかく根気のいる仕事であり、もちろん私にははじめての経験だった。

「鈴木学術財団」という名の冠になっている「鈴木」は鈴木大拙博士のことで、老師はこの組織の会長を務めていた。理事には当時の印度学、仏教学の指導的な学者が名をつらねていた。金倉先生はそのお一人で、財団への就職にあたって推薦の労をとっていただいた。

こうして、毎日のようにそこに出勤するサラリーマンの生活がはじまった。昼間は「梵和辞典」の編集業務、そのため例の翻訳の仕事は早朝に起きて、少しずつすすめるほかはなかった。夜はたいてい池袋あたりの居酒屋で安酒を飲んでいたが、そんな夜の巷の彷徨をのぞけば何とも平板な日常がつづいていた。

それは二十代後半から三十代にかけてのころだったが、翻訳の方はいつのまにか訳稿がたまっていて、四〇〇字原稿用紙で一〇〇〇枚近くになっていた。私はその訳稿を抱えて、ワラをもつかむような気持ちで桜新町の先生のもとを訪れた。師の前にかしこまって頭を垂れ、なぜこの仕事をはじめたのかについてしどろもどろの口上を述べたことを覚えている。

先生はじっと目を落とし、原稿を一枚一枚手にとって読みはじめたが、その間ひとことも言葉を発しない。しばらくして顔をあげ、「それでは、みておきましょう」といわれた。嫌な顔ひとつされなかった。

時が流れ、しばらく経って先生から点検終了の知らせが入った。つたない訳稿に一枚一枚目を通し、丹念に朱筆を加えられた師の姿が、眼前に蘇っていた。

その過去の思い出が、わが青春の原風景を浮かびあがらせるように車窓のかなたを流れていく。その師によって与えられた負い目の全重量は、とても返すことなどおぼつかない。その恩は返そうとしてもとても返しきれるものではない。恩は着るほかないものだ、という長谷川伸の言葉がいまさらのように浮かぶ。恩師と呼びたくなる甘えの感情におぼれることなかれ、むしろ恩人という存在の厳しさを思え、そんな声もきこえてくる。

翻訳は、幸いなことに「解説」と「索引」を付して、未來社から刊行されることになった。一九六九年二月のことだった。この出版も先生の推薦をえたからだった。それで巻頭には「金倉圓照先生にこの訳書を捧ぐ」と書かせていただいた。私は三十八歳になっていた。

はじめての翻訳出版から四十五年

博多を過ぎて走りつづけていた列車が、終着駅の鹿児島に近づいている。朝、京都を発つときは台風八号の接近が心配されていたが、すでに東の海上に去っていた。

列車が停まり駅頭に降り立ったとき、はじめての翻訳を出版したあのときから、すでに四十五年の歳月が流れていたことにふと気がついた。南国のつよい日射しが、足元のおぼつかない八十三歳の私のからだに照りつけていたのである。

駅前で遅い昼食をすませてから、車に乗る。しばらくのあいだ静かな田園風景をみながら揺れているうちに、いつしか山地に入っていた。薩摩半島を西南方向に縦断する長い旅がはじまった。ときどき樹林が切れて高い崖のふちにでると、遠くに青く光る海がみえてきた。

金倉先生のお寺

半島最南端の坊の津が近づいていた。その東側に隣り合うのが漁港の枕崎市。昭和二十年九月に上陸して多大の被害をもたらした枕崎台風で知られる。このとき台風は広島を横断して日本海に抜け、さらに東北に直進して三陸沖まで荒し回っている。終戦直後のことだったが、そのころ金倉先生は仙台におられたはずだ。

坊の津の海は静かに凪いでいた。そこは博多の津や伊勢の安濃津とともに日本の三津の一つに数えられてきた。歌川広重の画題となる景勝地としても知られるが、何よりもあの盲目僧、鑑真の上陸地として知らぬ者はいない。湾が深くえぐられるリアス式海岸の景観は、遠く仙台湾に浮かぶ景勝地松島のそれを思わせる。

先生のお寺は、現在は南さつま市坊津町の一角、小高い丘陵地に建っていた。浄土真宗西本願寺派に属し、お孫さんにあたる金倉真也住職が出迎えて下さった。その眼鏡ごしの眼差しの向う側に、先生の面影が揺れているようだった。

休息のあと、本堂の背後につくられた納骨堂にご案内いただく。先生のお墓は海のみえる墓地、と漠然とイメージをふくらませていたが、ご遺骨はその納骨堂の一角にひっそり祀られていた。その前にたたずんで合掌し瞑目する。まぶたの裏に、はるか大海原がひろがる美しい墳墓の光景が浮かびあがってきた。長いあいだ意識の奥に沈んでいた負い目の感情がうっすらと消えていくようだった。この歳になって、やっと恩師の墓参をすませたという安堵の気持ちがこみあげてきた。

鹿児島からの帰途、ふたたび列車の揺れに身をまかせる。トンネルをいくつかくぐり抜けているうちに、旅の疲労が眠気を誘う。突然、先生の葬儀の場面がまるで映画のひとこまをみているように、眼前にあらわれてきた。

「ご霊前に捧げます」

先生がこの世を去ったのが、さきにもふれたが昭和六十二（一九八七）年一月二十四日だった。葬場が東京の築地本願寺でおこなわれた。当日はたくさんの参列者が集まっていた。読経が終わり、弔辞の朗読がはじまった。一瞬、わが耳を疑うような、不思議な場面がつづいている。落ち着かない不安な気分がつのっていった。というのもどの弔辞もどの弔辞も、異口同音に「金倉先生のご霊前に捧げます」という言葉ではじまっていたからだった。その「ご霊前に捧げます」「ご霊前に申しあげます」の荘重な言葉が耳元にとどくたびに心の動悸が打つようだった。

「学問上の掟」が崩れる

普通の葬儀の場においてなら、おそらくおこるはずもないような違和感だった。なぜならそのとき弔辞を読みあげているのは、当時のインド学や仏教学の学会を代表する方々だったからである。そしてその大学や研究所においては、仏教学を講義するにあたって「霊魂の有無」は一切論じない、というのが暗々裡の常識とされていたからだった。人の死後、霊や魂が存在するとかしないとかを問うことをしない、それが釈迦仏教の根本原理である、という常識である。それをわれわれインド学や仏教学の徒は、それこそ耳にタコができるほどきかされてきたのだった。

その学問上の掟が、先生の葬儀の場面においていとも簡単に破られている。それが私の不安な気持ちと、何ともいえない違和感を誘ったのである。そのときの驚きの気持ちを、いまでもつい昨日のことのように思いだす。

けれどもその記憶も、いつのまにかすでに過ぎ去った時間のなかに埋もれていくようだった。なぜなら師亡きあと、それが若き時代の浅はかな思いこみにすぎなかったことに、私自身気づくようになったからである。

考えてみれば日本人の仏教は、長いあいだこの国の風土に根づき、仏教伝来の以前からこの国の人々の心に住みついていた霊魂のはたらきを排除することがなかったからである。外来の「ほとけ」の道が土着の「かみ」の道と出会い、共存しつつ融合し、ついに日本列島独自の神仏習合、つまり神仏共存の関係をとり結ぶようになっていたのである。

神は神、仏は仏という硬直した二元的な思考から自由になれば、死者の魂は仏教の説く西方十万億土の浄土まで旅をする。われわれの先祖はみんなそう考えてきたということが自然に納得されるようになった。師の葬儀において耳にした「金倉先生のご尊霊に申しあげます」の声が、やがて私の心のなかにしみこむようになっていたのだ。その恩師の「尊霊」は、今、あの先生にとっての墳墓の地、坊の津の自然のなかに眠っていると思うようになったのである。師の魂はその墳墓の地からさらに飛翔して、はるか西方十万億土の浄土におもむき、鎮まっているのであろうか。

第四章　鈴木学術財団へ

あわせて十二年の仙台暮し

およそ十二年間過ごした仙台を去り、東京にでたのが昭和三十六（一九六一）年の四月だった。東北大学の学部で四年、大学院で五年、そのあと教養部の非常勤講師二年、文学部の助手一年、あわせて十二年のあいだ仙台で暮していたことになる。三十一歳になっていた。

結婚したのが二年前の昭和三十四年、仙台を去る年の二月になって息子が生まれていた。結婚して居を構えたのが田圃のひろがる郊外、そばを細い川が流れている小さな木造の借家だった。毎日のように、その川にかかる小さな橋を渡り、バスに乗って街にでかけていた。

大学を辞めて、四月になってから早々に単身で上京、新しい就職先の鈴木学術財団に行って挨拶をした。そこで契約を交わし、ともかく急いで家を探さなければならなかった。

久しぶりに上野駅に降り立ったとき、あのバカでかい市場のドームのような丸天井が目に入った。混雑する人並みをかき分け、舞い上って澱んでいるほこりのなかを通って山手線のホームにたどりつく。就職先の財団は、池袋近くにある護国寺前の一角にあるはずだった。

仙台を離れ上野にむかう車中で、ふるさとの光景が背中の後ろの方にどんどん走り去っていくような気分にとらわれていた。大学に入るまで両親とともに暮していた岩手・花巻の小さな寺の本堂と、その内陣に祀られている阿弥陀如来像や親鸞を描いた掛軸がみるみる小さな粒になってかすんでいく。
これからさき、自分が歩いていく前方からいったい何があらわれてくるのか、目を凝らそうとしても定かなものはみえてこなかった。

『梨の花』と『異形の者』

中野重治の『梨の花』（昭和三十二～三十三年）の一節が瞼の裏に浮んでいた。

「あかりは絶えずちらちらちらする。蠟燭から油煙も立つ。仏壇内側の漆《うるし》と金とがそれを照りかえす。その奥に、一ばん上段の奥中央に、蓮根の糸で織ったのだという阿弥陀さまの軸が掛かっている。その右わきに御開山さまの軸が掛かっている。左わきには六字の名号が一行に書いてかかっている。そこへ、一ばん下段の真鍮の碗から線香の煙が昇ってからんでくる」。

ほとんど諳んずるまでに脳裡に刻まれている一節だった。それに重なるようにして武田泰淳の『異形の者』（昭和二十五年）の忘れがたい光景が立ちのぼってきた。

「金色の仏像はなかばかがやき、なかば影をおび、私の頭上はるか高いあたりを見つめた形で置かれてあった。蠟燭の光が下方から照らすため、大きな鼻も口も、かなり変った形に見えた。その肉の厚みは重々しかった。その眼には黒く塗られた眼球はなく、少し凹まされたその刻み目だけがクッキリとした線を描いていた。しかしそのきつい眼は、たしかに何物かを注目しつづけている、クワッと開かれた眼にちがいなかった。見るという行為を一瞬も止めない、未来永劫それをつづけそうな眼があった」。

『梨の花』の世界は、主人公が田舎のまだ幼い子どもなので、その分だけ稚い、純な視線でとらえられている。『異形の者』の方は、すでに兵営や留置場を経験している主人公の観察である。『梨の花』の舞台になっている北陸は、浄土真宗の異端が伝承された地域であるが、主人公を包む家族も、本願寺の正統教義からはずれた信仰を持っている。いわゆる「異安心」である。けれどもこの問題はそれ以上深くは追求されない。農村の手仕事や習俗にごく普通にみられる臼すりや縄ないや綿くりやランプ掃除が、細かく正確に再現されている。それと同じように仏壇や灯明や線香の形や匂いが、なめまわすように丹念にとらえられ、正信偈やご和讃やご文章を唱える異安心の人々の姿が、生き生きと描きだされていく。

『異形の者』では、他力本願の一宗派の寺に生まれた、そう若くはない僧侶が主人公である。その彼が、本山に籠って修行をする。修行僧たちは俗世間から隔離された異形の者として、淫靡な親愛感と確執のからみ合う一時的な世界で生きている。主人公は学生時代は社会主義運動に関係して検束されたこともあるが、いまは物ごとにたいする正義感や情熱を失ない、自分が異形の存在であることをそのまま受け入れようとしている。それで大学出の彼は、ときに道場を抜けだし、レストランでカツレツを食べたりする。

そんな彼を憎んでいる修行仲間がいた。片足の悪い肥満した男で、棄て児同様に貧乏な寺にあずけられて育っていた。そのたくましいからだには滑稽感がただよっていたが、ときおり噴出する性欲には殺気がみなぎっていた。

主人公は本堂の内陣の板壁にかけられたマンダラ絵図をみて、無数の仏たちが虫よりも密集して縦横に充満し、テコでも動きそうにみえないのに驚く。そこには「エネルギー不滅の原則」のようなものがのぞいていると感じる。

主人公は、やがて修行が終わり、最後の誓いの儀式をすませてから、例の片足の悪い凶暴な男と決闘しに行く。そのとき彼は内陣に飾られている金色の仏像にむかってこうつぶやく。

「あなたは人間でもない、神でもない、気味のわるいその物なのだ。そしてその物であること、その物でありうる秘密を俺たちに語りはしないのだ。俺は自分が死ぬか、相手を殺すかするかもしれない。もう少したてば破戒僧になり、殺人犯になるかもしれないのだ。それでもあなたは黙って見ているのだ。その物は昔からずっと、これから先も、そのようにして俺たちを全部見ているのだ」。

今日では、宗教の世界における「異端」とか「邪義」といったことの意味はかなりあいまいになっている。けれども異端や邪義はいつでも正統を疑い、折目正しい定見に挑戦してきた。制度化された福音にたいして個的な魂の救済を要求してきた。そのとき、眼前に映っている確かなものはたちまち色あせ、現象の背後にかくされてしまう。それだからこそ大きな光輪に包まれる不透明な存在にたいする敬虔な怖れが目覚める。

中野重治や武田泰淳の文章は、そういった事柄にかんする急所をそれとなくついているように、私には感じられたのである。

護国寺前の「財団」

山手線にゆられて、あっというまに池袋に着いた。駅前でバスをつかまえて十五分ほど乗り、護国寺前で降りる。

見上げるような石段が、青空の際までつづいているのが胸元まで迫ってみえた。徳川綱吉の母、桂昌院が創建したと伝えられる真言宗豊山派の寺である。

石段のつらなりは、昔さむらいたちが身につけた、緋おどしや黒糸おどしでつづった鎧のつらなりのようだった。それが天までつづいている。

その石段の真下の、むかって左側の小暗い土地に、古びた二階建ての小学校の旧校舎が建っていた。廃物利用のあとが歴然としていたが、その玄関口に「鈴木学術財団」の看板がかかっていた。

後から知ったことだが、護国寺門前の大通りをそのまま南に歩いていけば茗荷谷の東京教育大学にでて、さらにすすんでいけば本郷通りがあらわれる。また、その護国寺の門前の大通りを東の方に歩いていけば、今度は講談社の大きなビルが目に入る。その不確かな周辺街区のイメージが、怪し気な地理感覚でいまだに私の脳裡にこびりついている。

「財団」の玄関に入って靴を脱ぎ、これも小学校時代からのものであろう下駄箱にそれを入れて、スリッパに履きかえる。かすかにきしむ階段をのぼって、ワンフロアーになっている広い部屋の扉をあけた。

机の列が三つの大きな川の流れになっている。真中の川の奥に大きな札が置かれ、そこに専務理事らしい人物が坐って私を待っていた。

勤務時間は、朝九時から夕方五時まで。

給料は三万円。

三本の川の流れの入口に近い方が研究・編集部、いちばんの奥の流れが会計課、真中の流れが営業の仕事、そんな区分になっているらしい。

簡単なやりとりだけで話は終わり、仕事の段取りを担当者にきいてそのまま辞去することにした。扉を開けてギシギシする階段を下りていくと、オルガンの音にあわせて童謡をうたっている子どもたちの声がどこからともなくきこえてきた。旧校舎の反対側の一角を「音羽ゆりかご会」が借りていて、その歌声が古びた校舎の壁伝いにきこえてきたのである。歌声は一瞬、ふるさとの野や山の光景を浮かびあがらせた。

腹の奥底で拳骨を突き立てる

あわただしく単身で上京したのは、もう一つ用事があるからだった。松戸に安アパートを借りることになっていて、そこを訪ねて大家さんに挨拶しなければならなかった。

ふたたび池袋にもどって、山手線の電車に乗る。東京の山手線とはいっても、上野と池袋の区間はまだ東北線の延長のようだった。東北の匂いがその山手線の車内にまでただよっている、そんな気がしたからだった。石川啄木の歌が、ふと蘇る。上野駅できき慣れた田舎のなまりを耳にして、なつかしい思いにふける、あのよく知られた歌だ。けれどもその啄木も、上京してきたときは腹の奥底で拳骨を突き立てるような気分で生きていたのではないだろうか。

私が仙台を去って東京にでてきたちょうどそのころ、黒沢明の「用心棒」が封切りされていた。それをみたのが仙台の映画館だったのか東京でだったのか、それが残念ながら判然としない。ともかくそれが、遅れてやってきた私の青春晩期のひとこまであるような、奇遇のような出会いとなった。

上州のとある宿場町に、ヒューと埃っぽい空っ風が吹いている。ヤクザの集団がふた手に分かれて対峙し、抗争を繰り返していた。両方の組に用心棒がいる。一方が三船敏郎演ずる野性的な浪人・桑畑三十郎、他方のニヒルな笑みをもらすのを仲代達矢が演じていた。

野獣のような三船と近代風の仲代のコントラストがつよく印象にのこっている。それというのも、三船がもつ必殺の凶器がギラリと光る出刃であるのにたいして、仲代の手にするのが鋭い光沢を放つピストルだったからだ。

その二人の用心棒が最後の場面で雌雄を決する。見ての通り二人の出立ちは平等ではない。思わず手に汗を握るシーンだ。

映画では、フトコロ手をした三船がズンズン近寄っていく。仲代の方は思わずたじろぎ、引き金をひくことができない。その一瞬のスキをついて出刃が電光のように走り、あっというまにピストルの仲代を倒してしまう。

出刃がピストルと対決し、最後にこれを制するというのが、たまらない快感だった。姿三四郎が雲をつくような大兵を投げとばすときの技をみているような気分だった。相撲でいえば、さしずめ舞の海が貴乃花や曙を仰向けにひっくり返すようなものだろう。

ハリウッドの映画で、よく何とかの「決闘」といったタイトルの作品があった。クライマックスの場面で、十メートルか二十メートルへだててむかい合った男が二人、同時にピストルを抜いて相手を撃つ。たいてい倒れるのは一人で、善玉が勝つが、あれは勝負のやり方としては公平なのであろう。

しかし、どうだろう。勝負や決闘の醍醐味といえば、やはり小よく大を制す、胆力と奇襲戦法で強力な相手をへこます「用心棒」方式が、やはり胸をわくわくさせる。今日流行の「オリンピック」方式とは、はなから快感と躍動の性質が異なるのである。

親子三人松戸の安アパート

山手線で、松戸に着く。胡録台という地に建てられた木造の安アパートにたどりついたときは、もう日が暮れようとしていた。家主に会い、二階の一室を借りる交渉を終えて、ふたたび上野駅にむかった。

やがて親子三人、あわただしく上京して松戸での生活がはじまったが、落ち着かなかった。当時東京では、公団による集合住宅の建設がはじまっていて、人気の的になっていた。幸運にも、その年の暮れになって、西武沿線の東久留米に建てられた公団住宅の募集に申しこんでこれが当った。1DKでまことにせまい住居ではあったが、これで一息つくことができた。

西武線の東久留米駅からラッシュにもまれて池袋へ、そこからバスに乗りついで護国寺までの単調な通勤生活がはじまった。

松戸のバラック建て二階の部屋からでて、新興の東久留米市に移り、そこから護国寺の旧小学校校舎の古びて黒ずんだ階段をのぼっていく日常のなかで、私の眼前にいつもフラッシュの輝きに包まれて浮かびあがっていたのが、

中村元、の名前だった。

その名は、私が新しく勤めることになった鈴木学術財団の頭脳部分にあたる「文化委員会」のなかでも、控え目な形で登場する名前であった。鈴木大拙会長のもと、塚本善隆、山口益、金倉圓照、辻直四郎の長老が並び、おそらく歳の順に上田義文、長尾雅人、古田紹欽、羽田野伯猷らの諸博士とつづき、その最末端に中村元博士の名があった。

いずれの先生も護国寺の旧小学校校舎に姿をあらわすことはなかったが、「財団」の維持運営にとっては欠かすことのできない綺羅星の陣容だった。とりわけ中村元博士の名前は「インド」や「仏教」にかかわる学問の分野においてひときわ抜きんでて輝いていた。その学問の手法は専門領域の手堅い文献学と並んで、「比較」「比較文化」という新時代のキーワードを身にまとっていて、誰の目にもまぶしく映っていたと思う。

敗戦で地に墜ちたかにみえた「東洋」の知を、その華やかな手法で再浮上させようとする企てでもあったのだ。そのような中村元博士の具体的な仕事がたとえば、『東洋人の思惟方法』(『選集』一～四巻)であり、それを理論化しようとしたのが『比較思想論』だった。

中村元の新鮮さ

とにかく新鮮だった。まさに泥中に咲く蓮の趣きがあったといっていい。それで何ごとによらず比較好きの当時の日本人に迎え入れられたのかもしれない。たとえば聖徳太子の「十七条憲法」の発布を、コンスタンチヌス一世によるキリスト教の公認（三一三年）と比較したり、同時にインドのアショーカ王の「詔勅」やチベット王ソンツェンガンポが制定した「十六条法」と比較したりする。それだけではない。梁の武帝や隋の文帝、ビルマのアナウラーター王、カンボジアのジャヤヴァルマン七世までがその比較の舞台に呼びこまれる（『比較思想論』二六四〜二六五頁）。聖徳太子の「和の精神」をインド王アショーカによる「法の支配」と結びつけ、それがともに仏教の普遍思想に淵源することを「比較」の手法で明らかにしようとする。文献学と解釈学の二本立てで、その作業をすすめていく。

その比較の手法は、あえていえば天空に打ち上げられる華やかな飾り窓のようだった。その飾り窓に呼びこむためのテーマを選びさえすれば、どんな言葉をそこに投じてもきちんとした形におさまる。その快感に私もいつのまにか魅了され、我流の空中戦を楽しむようになった。「カストリ」雑誌に出現する一行をブッダの言葉と並べたり、大道芸人のジョークも親鸞のつぶやきもかまわずその飾り窓に陳列したりもした。

今日の眼から振り返れば、それらの仕業が若気の自己韜晦とたんなる悲哀の感情を覆い隠すためのレトリックにすぎなかったことがわかるが、当時は気がつかなかった。要するに劣等感に外套をかぶせるだけの稚い自己主張だったのだが、意識の底の方では「東京」にたいする「東北」の劣位の感情と結びついていた。それが我流の比較の手法に沈澱する、屈折したコンプレックスだった。

「文献学の詐術、解釈学的坊主主義」

「東京の栄光は東北の恥辱である」、というどこかできいたことのある台詞が、頭の角でこだましていた。それが武田泰淳の『異形の者』の発想に共感を寄せ、中野重治の「異端」の匂いに嗅覚をはたらかせる動機になっていたのかもしれない。黒沢明の「用心棒」における決闘の場面を、いつもポケットの奥に忍ばせていたのもそのためだった。

あるとき、「比較」のなかで輝いていた中村元さんの仕事を、不遜にもその「比較」の飾り窓の明暗のなかに置いてみようと思い立った。主題は、さきにふれたインドの古代王「アショーカ」、その普遍的な思想を盛る「詔勅」をめぐる議論である。

私はそのころ、もののけにとりつかれたような気分のなかで「アショーカ王――アジア的専制君主の宗教政策」という論文を書き、『歴史評論』の編集部に投稿した。当時、中村元さんはアショーカ王の「詔勅」に説かれている「法の支配」と聖徳太子の「十七条憲法」の精神が共通しているということを主張していたが、その「比較」の議論をもう少し別の角度、すなわち比較の視点を入れて探ってみようと思ったのである。

その比較の舞台に招き入れようとしたのが、「アショーカ王」の統治を論じている四人の論者たちだった。概要だけを、ここでは記しておこう。

はじめに、戦後になって独立したばかりのインドで、初代の首相になったジャワハルラール・ネルー。彼は釈放される直前まで獄中で『インドの発見』を書いていたが、そのネルーも独立後に歩むべきインドの道標としてアショーカ王の存在に注目していた。さきにふれたコンスタンチヌスやフランスのシャルルマーニュとともに議論しているところも、中村元博士の発想と似ていた。私はその議論の内容を概括する意味をこめて、「民族主義的ヴィジオネール（幻視者）としてのネルー氏のアショーカ論」と性格づけてみたのである。

二人目が、戦後の日本に「比較思想」の旗印を掲げて颯爽と登場してきた知的探求者の中村元博士だった。その主著の一つ『インド古代史』は、史実として観察すべきものはすべて観察しつくし、調べるべきもののこらず調べつくした観のある作品だった。その全材料を文献学の溶鉱炉にぶちこみ、解釈学の鋳型に流しこむ。その中村さんの渾身の仕事を、こともあろうに「文献学の詐術、解釈学的坊主主義」と評してしめくくったのである。例の自己韜晦と過剰なコンプレックスが暴発した結果だった。いまから振り返ればたんなる無軌道の若書きにすぎなかったが、しかしそこで書いた「詐術」「坊主主義」というもの言いは、じつはマルクスから一時的に借用したものだった。題して「解釈学的思想家としての中村元氏のアショーカ論」としたのである。

三人目としては「実証主義行動心理学者としてのR・ターバル女史のアショーカ論」を取り上げ、ついで四人目に挙げたのが「啓蒙期マルクス主義者としてのD・D・コーサンビ氏のアショーカ論」だった。いずれも当時の関連学会で話題になった著作だったが、とくに後者のコーサンビの議論については桑原武夫氏が、「インド史学界の新巨星――コサンビ氏の『インド史研究序説』について」を『思想』（昭和三十七年五月号）に発表していて、私の目を引いたのだった。

『歴史評論』に採用される

私は自分の未熟な「アショーカ論」がはたして編集部に採用されるのかどうか半信半疑の気分のなかにいた。ところが意外にも、その『歴史評論』の一九六六年十二月号と一九六七年一月～二月号に「清算アショーカ王研究」（一）（二）（三）として掲載されることになった。論文の題名の頭に「清算」という文字をおいたのは、当時愛読していた羽仁五郎氏の影響を受けたからで、その「清算明治維新史研究」から借りたものだった。それで思いついたのであったが、自分の論文のエピグラフにも氏のその言葉を借用して、いかにもいわくあり気につぎのように書きつけたのである。

「完全なる人間、いいがたき嘆きなき人間、それは神を思わしむるよりも、むしろかえって実に魔を想わしむる空虚なる嘘の虚偽である」。

虎の威を借りるような気負いだったと思う。いまここに書き移すだけで顔の赤らむ思いがするが、やがて私の身辺にいたはずの友人たち、知人たちが、一人去り、二人去りしていった。研究仲間たちとのあいだに張られていた目にみえない糸が緩んだり、断ち切られていくような気分だった。清算したのは「学説」の方だったはずだし、何も「人間」まで清算したつもりではない、といいたかったのだが、すべては後の祭りだった。

もちろんそんないい訳が学界では通ずるはずもなく、ただあぶくのように胸の奥に沈澱していくだけだった。もっともそれはある程度は予期もし、覚悟もしていたことだった。けれどもあらためて周囲を見渡してみれば、いつのまにか寂しい移り変わりの光景にとり巻かれていたのである。

先生への裏切りの第一歩

金倉先生との距離も、こころなしか少しずつ開いていくようだった。恩人への負い目のようなものが、目に見えない形で両肩にのしかかっていたのかもしれない。恩師の姿が少しずつ遠のいていく。虎の尾を踏んでしまった以上、どうしようもないことだった。それが先生にたいする私の裏切りの第一歩だったのかもしれない。

毎日のように、日が暮れて護国寺の旧小学校の玄関を出て、池袋にむかう。音羽ゆりかご会の子どもたちがうたう童謡の声を背にききながら家路をたどる。だが、足は自然に動いて、その郊外への中継駅でもある池袋で降りて、そのまま西口にむかっていた。新宿の街区はどこを歩いていても、一日の労働で疲れきった人間たちがひしめき合い、喧騒と塵垢を地上にまきあげていた。「ささ」という居酒屋が、そのような猥雑な露路の奥に肩をすぼめるようにひっそり建っていた。そこに通いはじめてから、しばらく経ったころだった。夏の暑い季節だったような気がする。

夜も更けて、かなり酔い、カウンターに腕をついて、例によっていいたいことを勝手にいいだしていた。そのうち隣に座っている客を相手に、ある人間を槍玉にあげて悪しざまに非難しはじめていた。こちらは酔っているから、いつのまにかメートルをあげている。それはききようによっては一刀両断に斬り捨てるような調子だったのだろう。

カウンターのむこうにいた小母さんが、突然はげしい勢いで私をたしなめ、有無をいわせぬいい方で私の口説きにクギを刺した。それはまさに間髪を入れぬタイミングだった。私は一瞬何ごとがおこったかと呆然とし、やがて事態のなり行きを悟った。そのころから私は、その女主人を「ママ」と呼ぶよりは「小母さん」という、何とも色気のないいい方で呼ぶようになっていた。

小母さんの「リリー・マルレーン」

その後私は、一時的に東京を離れることがあったが、それでも上京するときは池袋西口にある、その居酒屋「ささ」には顔を出していた。

いつのころだったろうか。露地を流していく三味線の音がきこえてきた。それをききとめた私が何かの素振りをみせたのであろう。小母さんが「師匠を呼んでみますか」と、控え目にいった。「師匠」といういい方が、ちょっと改まったようでもあり、しかし新鮮にもきこえたのであるが、そのあと小一時間ほど、その師匠の新内をきくことになった。小びんに白いものが混る粋な感じの人だったが、曲の合い間に新内流しにまつわる話などもでて、それもしみじみした気分できくことができたのである。

そんな「ささ」での出来事は、私にとって珍しいことだったが、三味線の師匠を店に迎え入れ送り出すときに小母さんがさり気なくみせた心遣いが、こちら側にも伝わってくるようだった。小母さんにしてみれば、とり立てていうほどのこともない自然な応援だったのだろう。

その後「ささ」で師匠と出会う機会がもう一度ほどあったと思うが、残念ながら私の足がそちらにむくのと三味線の音がきこえてくるのとが、うまく嚙み合わなかったりして、新内流しもしだいに間遠になっていった。

店を出ていくとき、師匠はその華やかな柄の着物の袖から匂い袋をとりだして、「ママさんへ」といいのこして姿を消した。三味線の師匠が去った店のなかで、寂しくなった空気を一変させるかのような勢いで小母さんは突然陽気になり、「リリー・マルレーン」をうたいだした。第二次世界大戦中、敵味方に分かれた両陣営の兵士たちが、いつも口ずさんでいたというよく知られた流行歌である。

小母さんは酒を飲みながら、その「リリー・マルレーン」を何度もうたい、その歌ごころを讃美する言葉を語りつづけていた。「リリー・マルレーン」が好きでたまらないといった風情だった。

第五章　吐血・入院そして、春秋社へ

突然の吐血で倒れる

私は一九六七（昭和四十二）年になって、立正大学の非常勤の英語教師になり、「鈴木学術財団」には辞表をだして嘱託になった。当時、立正大学の教授をされていた金倉先生が推薦して下さったからだった。一九六二年に上京したときから数えると、「財団」には丸五年のあいだお世話になったことになる。

また友人の紹介で、この年の十月からは三鷹にあるアジア・アフリカ語学院の非常勤の職につくことになった。アジア・アフリカ地域の言語と文化を教える専門学校だったが、インドの宗教や歴史について講義をするということで折合いがついていた。立正大学には週二日ほどだったと思うが、語学院の方は毎週一回行くことになった。

六九年の二月に入って、寒い日がつづいていた。さきもふれたが、その十九日には長いあいだ取りくんでいた翻訳の仕事、K・M・カパディア著『インドの婚姻と家族』がようやく未來社から刊行された。

語学院の出講日は毎週火曜日ときまっていて、この月の二十五日が火曜日で年度末の最終講義をする日にあたっていた。いつものことで講義が終わってから学生三人を誘い、吉祥寺の駅前の行きつけの酒場で飲みはじめた。だいぶ時間も経ち、銚子を七、八本ほど空けたころだったと思う。突然はげしい吐血におそわれ、下腹部からもどろどろしたものがあふれだし、そのまま気を失った。

身体全体がゆっくり地上に倒れこんでいくような感覚がのこり、眼前に五色のテープを吹き流したようなイメージがひろがった。救急車のサイレンの音が、遠く近くきこえていたような気がする。増子、堀切、鈴木の三君が、倒れたままの私を病院まで運んでくれた。その後の気遣い心遣いをふくめて、当時のことを思い返すたびに悚然とする。

意識がもどったとき、私は身動きもならぬまま病床に横たえられていた。両腕にはすでに点滴の管がさしこまれていた。

絶食という闘病の全貌

絶食という名の闘病がはじまっていた。最近になって気がつき、古い手帳を引っぱり出して驚いた。そこには絶食期間から復食にむけての日々の記録が細かく記されていた。半世紀も前のことだったので、すっかり忘れていたのだ。どれだけの人々のお世話になり、また迷惑をかけてしまったのか、それも半世紀ぶりに開けたその手帳の全面にさらけだされていたのである。

闘病生活は、二月二十五日から退院する六月二十八日までほぼ四カ月にわたるものだった。

その病室に、何の前触れもなく突然姿をあらわしたのが、春秋社の神田龍一さんだった。お茶の水の外神田に社屋を持つ、戦前からの出版社の社長だった。

私の人生を変えた第二の恩人である。

その恩人との出会いの状況をこれから点検しようと思う。その後の神田さんとの出会いのいきさつを浮き彫りにするためにも、ここではさきの古い手帳に書きつけた闘病日誌の記述を紹介することからはじめようと思う。

二月二十五日深夜（緊急入院）～三月五日、ベッドに横臥し、点滴のみ（四日間）。

レントゲン検査（三月五日）この間（八日間）、完全絶食

三月六日～八日（三日間）

朝　重湯、ミソ汁、卵の黄味

昼　重湯、トマトジュース、スープ、カルピス

夜　重湯、プリン、スープ、牛乳、リンゴジュースなど

三月九日～十日（二日間）

朝　三分ガユ、ミソ汁、シラス干、牛乳

昼　三分ガユ、マグロ煮、トーフ煮、スープ
夜　三分ガユ、ミソ汁、玉子焼、ハンペン煮
その他、キャベツ卵煮、半熟卵、大根おろし、トロロイモなど。

三月十一日〜二十四日（十四日間）
朝　五分ガユ、ミソ汁、半熟卵、シイタケ甘煮
昼　五分ガユ、ヒラメ切身、ジャガイモ煮、スープ
夜　五分ガユ、ミソ汁、トロロと卵黄味、タイミソ
その他、サトイモ煮、白身魚切身塩焼、すりリンゴ、でんぶ、タラ塩焼、シラスおろし、チーズ、ゆで卵、マカロニ、タイ煮、卵黄、玉子焼、大根煮、シラス干、おでん、トロロ、茶碗むし、シミドーフ煮、イワシ塩焼、イリ玉子焼、大根おろし、マシュポテト、白菜スヅケ、サメ切身焼、うどん入りスープ、アジ開き焼、あんかけトーフ、ゆで卵、ハンペン煮、卵入りうどん、プリン、イシモチ焼、ジャガイモとタマネギ煮、うずらの卵とサトイモ、焼リンゴ、焼魚（タカベ）、生卵、ぼら切身焼、ナメタガレイ、ちくわ煮など。

三月二十五日〜四月七日（十四日間）
朝　七分ガユ、ミソ汁、ゆで卵、でんぶ、チーズ

昼　七分ガユ、玉子焼、白菜煮、マカロニ風うどん、スープ
夜　七分ガユ、トーフ、ジャガイモ煮、チーズ、サケかん詰
その他、ミソ汁、生卵、大根おろし、開きホッケ焼、ニンジン煮、月見、ゆで卵、タイミソ、茶碗むし、マシュポテト、ふ入りスープ、イワシ塩焼、サトイモ煮、サケ、シラス干、うどん、焼リンゴ、卵と白菜煮、トーフ吸物、イリ玉子焼、カレイ、ニンジンスープ、半熟卵、サバかん詰、ジャガイモ煮、サンマかば焼、カタクリ、マグロ刺身、サンマ、ヒラメ切身焼、ごまドーフ、アジ焼、おひたし、リンゴ煮、ハンペン煮、サツマイモ煮、菜葉汁、ホーレン草など。

四月八日〜五月七日（三十日間）
朝　全ガユ、ミソ汁、でんぶ、生卵、サケ
昼　全ガユ、油っこい魚切身、ジャガイモとニンジン煮、スープ
夜　全ガユ、ミソ汁、玉子焼、プリン、サケ
その他、イリ玉子焼、大根おろし、トーフ、茶碗むし、チーズ、焼魚、あんかけトーフ、刺身、シラス干、ホーレン草煮、チーズ、カレイ焼・煮つけ、タイミソ、玉子焼、トロロ、マカロニ、コンビーフ、ジャガイモ煮、ハンペン煮、ゆで卵、卵とタマネギ煮、シラスおろし、

サトイモ煮、卵とトーフあえ、オカラ煮、うどん、煮豆、スパゲッティ、リンゴパイ、キャベツ煮、牛乳、ハルサメとキャベツ煮、トマトジュース、ニンジンとカブのリンゴあえ、焼ノリ、トーフミソ汁、いためうどん、イチゴ、サラダ、梅干、カタクリ、焼リンゴなど。

以上から病状の経過が、

完全絶食期間　八日
重湯期間　三日
三分ガユ期間　二日
五分ガユ期間　十四日
七分ガユ期間　十四日
全ガユ期間　三十日
以後、通常食

となっていたことがわかる。

この通常食にもどるまでの二カ月余の期間に、私の「からだ」と「こころ」の状態がどのように変容していったかについては、これまでにいろんなところに書いてきたから省略する。

十三度にも及ぶ神田さんの訪問

こんどあらためてこの古い手帳を点検したところ、驚くべきことに、さきの春秋社の神田龍一さんが私の退院までにじつに十三回も尋ねてきていたことを確認することができた。その事実を、私はそれ以後の約半世紀のあいだすっかり忘失していたのである。

神田さんが、なぜそれほどしばしば私の病室にあらわれたのか、おいおい語っていくつもりであるが、その前にそのような事実をほぼ半世紀のあいだ忘れ去っていたことを省みるとき、自分がいかに忘恩の徒であったかが浮かびあがってきて、ほぞを噛む思いだ。おのれがいかにエゴイスティックな生き方をしてきた人間だったかを、嫌でも眼前につきつけられる。しかもその神田さんのお墓参りを私はまだしていない。後悔の念が、その古い手帳の紙面を突き破るように立ちのぼってくる。

一回目が、三月十八日、まだ五分ガユ段階の時期だった。緊急入院後二十一日目である。この初対面のとき、神田さんは禅学研究者の佐橋法龍師をともなっていた。

二回目が三月二十八日、七分ガユの段階に入ってまもなくだった。このときはあらかじめ電話があった。

三回目が四月七日、春秋社の顧問をされていた仏教学者の平川彰教授をともなっての登場だった。私の品定めがはじまったのであろう。

四回目が四月九日、単独。

五回目、同月十八日、単独。

六回目、同月二十一日、単独。

七回目、五月七日、単独。

八回目、同月二十一日、単独。

九回目、同月二十九日、単独。

十回目、六月十一日、単独。

十一回目、同月十八日、単独。

十二回目、同月二十一日、編集部員をともなう。

最後の十三回目は退院日の六月二十八日、この日は初回と同様、佐橋法龍師をともなっていた。ほぼ四カ月の入院生活中に十三回に及ぶ神田さんの病院訪問だった。月平均三回の頻度ということになる。それであらためて目をひくのであるが、その初回（三月十八日）と退院日となる最終回（六月二十八日）の訪問では佐橋法龍師をともなっていたのである。佐橋さんは当時、駒澤大学で仏教を教えていた曹洞宗の学僧で、春秋社から『人間道元』というタイトルの本を出版したばかりだった。

二匹の「龍」

あらためて記憶に蘇るのは、緊急入院後はじめて、神田龍一さんが佐橋法龍師をともなって病室に姿をあらわしたときの光景である。それこそその名の通り二匹の大きな龍が、まさに龍巻きをおこして闖入してきたようで、その勢いが病室の四方の壁面にひびきわたるような気配が一瞬立ちこめた。

二人ともギョロ眼に特徴があった。神田さんは筋肉質の頑健なからだつきで、達磨のようにぬっと立ち、そばにひかえる佐橋師は背の低い太った肉体を僧衣に包んで悠然とかまえていた。その二人は、五分ガユの段階に入ったばかりで痩せ細り、意気消沈したままベッド上に沈む私を上から見下ろすような恰好で近づいてきたのである。

短い挨拶をさっさときりあげ、開口一番、神田さんはこう口火を切った。

「どうですか、退院後、わが社にきてくれませんか。

週三日だけ出勤してくれればいい。

あとの日は書きたいものを書いてもらって、望むなら、それをわが社で出版してもいい。社での仕事としては、あんたの出したいものを出版してやる」。

いきなりの入社のすすめと、じつにわかりやすい入社条件の提示だった。今日ではまず考えられないような好条件だった。私はわが耳を疑うような気持ちで神田さんの顔をうかがっていた。けれどもその巨龍は自信に満ちた赤ら顔をほころばせて、じっと私の目を見つめている。

私はそのころ、ベッドの上で輾転反側し、もう東京での生活を切りあげて故郷の花巻に帰ろうと思っていた。父親が上京してきて、それをつよくすすめていたこともあった。正直、頭を丸めてすこしはまともな坊主になろうと思いはじめていたのである。

神田さんはいいたいだけいうと、ふたたび佐橋さんをしたがえて、さっさと帰っていった。せっかく頭を丸めて坊主になろうと思っていたのに、その決意がいつのまにかぐらついていた。こころの奥にうっすらと燃えのこっていた欲望にふたたび火がついたようだった。もういちど、春秋社に勤めて出直してみるかと思うようになっていた。編集の仕事がもともと嫌いではなかったからでもある。結局、神田さんの有無をいわせぬような迫力のある勧誘にのるほかはなかったのである。

一徹で人情に厚い

神田さんがわが病室を訪問された三回目の四月七日、こんどは東京大学の平川彰先生をともなってあらわれた。初回のときの私の心の動揺を見越したうえでの、神田さんの判断だったのだろう。さきの訪問で私の品定めがはじまったのではないかと書いたが、そのときご自身による品定めはすでに済んでいたのかもしれない。

なぜなら神田さんは初対面のときすでに入社の勧誘をはっきり口に出し、具体的な条件まで提示していたからだ。神田さんは何ごともまず自分自身で判断し、その自分の判断を信頼する人間の前に開陳して意見をきくというやり方をする人だった。あらかじめ品定めをして私の真意を探ろうとしたのではない。はじめに採用することを決めてから、他人を交えての品定めがはじまったのだろう。以後、長いおつき合いがはじまったのだが、その間、神田さんのそのような態度は一貫していてぶれることがなかった。

もうひとつ、わが古い手帳を点検していて思い合わされるのが、その病室訪問の初回と最終回になぜ佐橋法龍さんをともなっていたのかという問題である。そのころ佐橋さんの『人間道元』が春秋社から出版されていたことはさきに記したが、じつは神田さんは私にたいしてはしきりに『人間蓮如』について書いたらどうかということをいっていた。日本の宗教者について「人間」シリーズを構想していたようだった。それは春秋社の顧問格だった佐橋さんのアイデアだったのかもしれない。入社したら、自分の書きたいものを書いたらいい、それを出版してやろう、そういう条件を口に出していたのもおそらくそのことと関係があったのだろう。

神田龍一という人は、一面頑固で、わがままで、いちどこうと決めたらテコでも動かぬ、剛直にして一徹の人だったが、人情には厚かった。

春秋社での初仕事

しばらくの静養期間をへて、週三日の春秋社への通勤がはじまった。編集したいものを編集し、出版したいものを出版していい。その神田社長が持ちだした無類の入社条件が頭の中にこびりついていた。すでに入社する前から、その言葉が胸中に明るく鳴りひびいていた。だから、それならばと、

著者の名は市川白弦。

テーマは「仏教者の戦争責任」。

そう心に決めていたのである。なぜそう考えたのか、神田さんに出版意図を説明すると、即座にオーケーが出たのにはほんとうに驚いた。そのとき私の方に多少の不安の気持ちがあったからだ。

なぜなら当時の春秋社の出版物の主流を占めていたのが、どれも仏教界の重鎮たちの作品だったからである。そのなかにはもちろん戦争中の戦争協力にかかわった仏教者たちもいたのである。私とて、商売上必ずしも歓迎すべきテーマではなかったことに気がついていないわけではなかった。しかしその案を持ちだしてみると、神田さんにはそのことを気にしているような様子がまったくみられなかったのである。

市川白弦さんはそのころ、京都の花園大学で仏教を教えていた。メディアにも評論をよく寄稿されていたが、世間ではとりわけ一休和尚の研究で知られるようになっていた。その市川さんが戦後になって花園大学の研究紀要に「仏教における戦争責任」という論文を延々と書きつづけていたのである。

私がその論文にはじめてふれたのは、まだ仙台にいる学生のころだった。昭和三十年前後のころだったと思う。研究室におかれた書架でみつけたのである。論文は連載の形をとっていたが、いつ終わるともしれない、息の長いねばり強さがその文章のはしばしから伝わってきた。

その市川白弦さんはすでに昭和六十一（一九八六）年に亡くなっている。今から数えると三十年前になるが、私が市川さんに最初にお目にかかったのは、それからさらに二十年以上さかのぼるから、もう半世紀以上が経っていることになる。

市川さんはその論文のなかで、日中戦争のころから仏教思想の研究に志し、やがて戦時思想に妥協を強いられていった自分の「転向」体験について率直に語っていた。「仏教における戦争体験」を書くために、まず仏教徒としての自己の責任を問いつめることから出発したのである。その率直さが新鮮だった。その自己にたいする容赦のなさが驚異だった。

私は、仙台の研究室でその論文を読んだ直後だったと思うが、市川さんに手紙を書いてその気持ちを伝えた。すると、まさに間髪を入れずというほかない迅速さで返事がとどいた。薄手の便箋に、輪郭のはっきりした細字でびっしり書きこまれていた。その神経を集中した細かな文字の一つひとつから、市川さんの鋭い気迫が立ちのぼってくるようだった。

神田さんから、願ってもない入社条件を示されたときまっさきに念頭に蘇ったのが、市川白弦の仕事をやってみたい、という突き上げるような思いだったのである。

入社してまもなく、私は京都の紫野にある市川さんのお宅に出向き、出版のお願いをしたところ快く引き受けて下さった。質素なお宅の二階でトツトツと語る姿はおよそ仏教者というイメージからはほど遠いものだった。何よりも飾らない話しぶりと、現実にたいするみずみずしい感覚が、私をリラックスさせた。

当時、市川さんの頭を領していたのは、臨済とマルクスだった。「随処に主となる」といった臨済の禅的な自由と、「自己の主人となる」といったマルクスの人間的な自由とを、どのようにして主体化するのかという問題だった。それは自己の戦争責任の問題から出発して仏教者の戦争責任を追及していた市川さんにとって、文字通りかけがえのない根本的なテーマであったといっていいだろう。

市川白弦著『仏教者の戦争責任』

それがやがて、『仏教者の戦争責任』となって春秋社から出版されることになった。私の編集者としての最初の仕事となったわけで、昭和四十五（一九七〇）年のことだった。その間、社長の神田さんは一切口出しをしなかった。評論家や小説家などの著者にたいして遠慮会釈のない注文をだす人が沈黙を守っていたのが、今から思えば不思議なことだった。

ふつう、自己の「責任」を懺悔したり、告白したりする場合のわれわれの態度には、ある種の湿っぽさのようなものがつきまとうのではないだろうか。というのも「責任」問題というのは、論理よりもしばしば心情のレベルで受けとめられる傾向があるからだ。だが市川さんの自己を含めた「戦争責任」論には、そのような傾向がまったくみられないわけではないが、どちらかというともっと男性的で、カラッとしていたように思う。その日本の仏教者の戦争責任を追及する仕

市川白弦著『仏教者の戦争責任』（春秋社刊）

方はきわめてクールで、つねに論理的であったといっていい。その論理のほこ先は、他者にたいする批判であるとともに、古い自己を越えて新しい自己の確立をめざすためのものであった。その自己と他者を見渡す展望がじつに広々としていて、そこにはあたりかまわぬ自由の風が吹き抜けているようにみえた。

その自由の風が、市川さんを一休宗純の世界へとむかわせる原動力になったのだと思う。一休和尚という人物は古来、動乱の中世を生きた風狂の禅者として、多くの人々に愛され尊敬されてきた。その一休の虚像と実像を明らかにするというのが、市川さんのもう一つの大きなテーマだった。戦後の多くの一休研究は、すべてこの市川さんの努力に負うているといってもいいのである。

晩年になって市川さんは、僧籍を離れて還俗された。住まいも京都から関東の千葉に移された。教義や宗派にとりまかれた世界から、自由の境涯へとさらに身を移したのだ。その自由の境涯は、誰ひとりさえぎる者のいない無上の世界であっただろうが、しかしそれだけ深い孤独に沈む毎日ではなかったかと思う。

いま私は、あらためてその市川さんの孤独を想いおこさずにはいられないのである。

第六章　『人間蓮如』出版まで

『思想の科学』へ投稿する

吉祥寺で吐血下血して緊急入院したのが、一九六九（昭和四十四）年の二月二十五日だった。四カ月のあいだ治療を受け、退院したのが六月二十八日。その直後、「鈴木学術財団」に辞表を出し、七月九日になって、お茶の水の春秋社に顔を出した。

神田さんとの約束通り、月水金の三日出勤がはじまった。火木土日の四日は自宅で書きたいものを書く。私にとっては生まれてはじめてのライフスタイルだったが、その生活のリズムが私の性格にあったのだろう、久しぶりの気分一新の再スタートだった。

書くテーマは決まっていた。「鈴木学術財団」に勤めはじめたころから、本願寺教団第八世のリーダー、「蓮如上人」の生涯と行動、その独自の思想にひかれるようになっていた。資史料を集め、彼が行動したところを歩き、少しずつ書きためるようになっていた。何よりも蓮如の人間性を明らかにし、現在に蘇らせようと考えていた。

入院中、神田さんからも、その仕事をまとめて書物にしたらいいだろうともすすめられていた。『人間蓮如』というタイトルでどうか、ともいわれた。神田さんのその言葉が、抗うことのできないご託宣のように頭上からひびいていたのである。神田さんは、こうと思うと誰が何といおうとずばり口にする人だった。

もっともじつをいうと私は、入院する直前、蓮如について書きためていた文章の一部を雑誌『思想の科学』の編集部に投稿し載せてもらっていた。原稿の分量は、五、六十枚ほどだったが、一挙掲載してくれた。編集部に送ったのは昭和四十年の四月だったが、かなり経ってから編集長のしまねきよし氏から連絡があり、少々原稿量が多すぎるけれども載せることにしたといわれた。

これはあとになって、しまねさんから種明かしをされたことなのだが、そのとき、『思想の科学』を主宰する鶴見俊輔さんから、「そんな素性の知れない人間の文章を載せて大丈夫か」といわれたが、自分が保証すると答えておいた、という話をきいた。今から振り返ればなつかしい思い出であるが、その当時は内心ほっとしたことをおぼえている。その後鶴見さんとは酒の席でも何度かお目にかかることがあったが、ついにそのときの話はでずじまいだった。

ウソのいえない神田さん

じつは私は、吉祥寺で血を吐いて入院する前の年（一九六八年）に、『アジアイデオロギーの発掘』という、何とも大仰な、気恥ずかしいタイトルの本を勁草書房から出してもらっていた。それはそれまでに書いていたエッセイや論文を集めたもので、その第一部の巻頭にいま述べた「人間蓮如」についての文章を載せ、第二部の方に、さきにふれた中村元先生の説を批判的に取り上げた「アショーカ王」論を収載していたのである。この本はまだ血気だけが目立ったぐいの私の処女作だったが、それを神田さんは読んでいたようだった。はっきりした言葉ではいわれなかったが、それで私の品定めをしていたような気がする。

ただ驚いたのは、その私を病院にきて口説き、入社させようとした神田さんが、あらかじめ中村元博士にそれについて相談していたことだった。あとになってそのことを私の前でぽろっともらされたのであるが、そのとき中村博士は、「私をあのように批判した人を入社させるのですか」と詰問調でいわれたというのである。そういう点では神田さんは無類に正直な人だった。ウソのいえない人だったといっていい。

それで神田さんの前では、何であれ隠しごとはできないなと思うようになったことを覚えている。当時、中村元博士は春秋社の顧問をされていた。春秋社ではすでに浩瀚な「中村元選集」が刊行されていて、神田さんはいつもその校正ゲラをカバンに入れていて、暇さえあれば朱を入れていたのである。神田さんは、その大事な顧問の先生の忠告があったにもかかわらず、それでも私を入社させてくれたのだった。その行動に、中村博士はそれ以上反論しなかったのかもしれない。

マルクス主義と文学精神

これも編集の仕事を見よう見まねではじめたころだったが、神田さんにいわれたことがある。

「編集者になるには二つの資質というか、条件があると思うんだな。一つはマルクス主義者であること、もう一つが文学精神だよ」。

私はなるほど、と思った。時代はまさに六十年代のまっただなか、全共闘運動の嵐が日本列島の各地に吹きまくっていた。いわゆるマルクス主義全盛の時代でもあった。私が春秋社に入ってまもなく東大闘争のピークがきて、やがて時計台が落城する。

私が春秋社にいたころは東大闘争がいまいったように、まっさかりだった。本郷三丁目から、春秋社の社屋のある外神田前の聖橋までの通りは、東京のカルチェラタンなどといってデモの学生たちであふれ返ることがしばしばだった。朝晩石が飛んでくる、そのうえ催涙ガスが流れてきたりして大変な騒ぎだった。そんななかで、神田社長とは全共闘や東大闘争についてずい分議論したものだ。それが、いまは懐かしく思い起こされる。なかでも忘れることができない事件が一つあった。それは、丸山真男さんがあの闘争のなかで結局辞職をしたときのことだ。そのときの神田さんのセリフがふるっていた。

「そりゃなー、東大教授なんていいよな、辞職すりゃそれで済むんだから。ところがこちらのような中小企業の親父ってのはな、俺が辞めちまうと、直ちに五十人、一〇〇人の人間が飢えて途方に暮れるわけで、本当に辞めるわけにはいかんのよ」。

こういって丸山真男を批判していた。説得力があったが、同じようなことを吉本隆明もいっていたように思う。

吉本隆明さんとの出会い

じつは春秋社と吉本さんとの関係は非常に密接で、しょっちゅう行ったり来たりしている仲だった。本も何冊かだしていた。「編集者とはマルクス主義云々……」の神田発言も、そこからきているのかもしれなかった。

春秋社では『春秋』というPR雑誌をだしていたので、私は吉本さんに親鸞について話してもらおうと思った。それで、若い編集者を一人つれて毎月一回吉本さんの自宅に通ったのである。

これが一年ぐらいつづいただろうか、そのあと一冊の本にしてだした、それが吉本さんの『最後の親鸞』（一九八一年）である。

この吉本詣でのなかでのことだったが、私は吉本さんに、親鸞を論じるなら『歎異抄』だけではだめですよ、『教行信証』を読まなきゃ、と一度ならずいったことがある。ところが吉本さんは、絶対といっていいほどの『歎異抄』信者だったから、『教行信証』はまったく読もうとしなかった。だからこそ、あの鋭い、吉本ならではの親鸞論が生まれたといまでは思う。

吉本さんとはその後も何度か親鸞をめぐって対談する機会があったが、それだけにこのときの出会いの経験は、忘れることのできない私のゴールデン・タイムだったと思っている。「結局、お前さんと俺との違いは、信と不信の違いだね」と吉本さんが言った言葉も忘れられない。私は親鸞を考える場合に、信の立場で論を張っていたが、吉本さんは不信の立場で親鸞を、また宗教全体を考えているようだった。まったくその通りであって、この問題をさらに膨らませていくと、神田龍一という出版社の社長と、吉本隆明という著者にして思想家との関係がいったいどうだったのか、そういう興味ある問題にまで発展していく。

編集者・神田龍一

これは神田龍一さんが亡くなった後のことであるが、さきにふれたPR誌の『春秋』で神田さんを追悼する特集を組んだことがある。神田さんが亡くなったのは昭和五十年六月であるが、そのころ私は春秋社を辞めて駒澤大学に勤めていた。それで『春秋』誌の三〇〇号を記念して、吉本隆明さんと芹沢俊介さんを招き、司会役の私を含めて鼎談をおこなったのである。そのなかで吉本さんが、つぎのようなことをいっている。

「神田龍一さんという人は、ぼくにはたいへんものわかりのいいというか、昔気質のところもたくさんある人で、たいへん鷹揚なっていいましょうか、大きな感じのする人で、ほんとはどうかわからないですけど、なんかおれは好意を持たれているかもしれないなって感じを、いつでも持たせられてきたような気がいたします。そういう面でも、自分のもの書きの場所と、編集部の場所が、たいへんよく合ってきたところなんじゃないかなっていう感じを持っています」。

神田さんにはたしかにそういうところがあった。著者と交渉するときは、その人の書いたものをだいたい読んでいた。それからでかけていく。食事をしたり、酒を飲んだり、読んできた著者の文章の批評をはじめる。もっとも神田さん自身は酒を一滴も飲まなかったが……。それで相手の出方をみている。相手の力量を計っているようなところがあった。神田さん自身もいろんな問題や矛盾を抱えていた。さかんに仏教書を刊行したり、仏教学やインド哲学、さらにはキリスト教関係の書物にまで手をのばして出版していたのもそのためだったと思う。欲望の人一倍つよい人だったからこそ、宗教の世界や禅僧の内面に食い入るような眼差しをむけているようなところがあった。私の目にはそのようにみえたのである。それでまず自分が読み、そして自分なりに理解したところを著者に直接、遠慮することなくぶつけていた。

いざ本にするとなると、こんどは割り付けから装丁までぜんぶ自分で方針を立てる。ゲラが出てくると、率先垂範、社の編集者以上に厳密な校正をする。相手がいくら大家であっても、日本語としておかしいとなると書き直しを迫る。さきの鼎談では吉本さんも、笑いながら、そんなことが自分にもあったといっている。

そんなやりとりをしながら、やがて人物月旦に入っていく。声をひそめていう悪口などではない。あっけらかんとした、明るい人物批評である。それがまた無類に面白い。世間の評価など一切おかまいなしというのが、きいていて気持ちがいい、飽きない。とにかく人を引きつける。志賀直哉について、その言動の神経質なところをいろんな角度から指摘していたことも忘れ難い思い出だ。人間としては窪田空穂の方がよほど大きいというようなこともいっていた。窪田空穂は心底尊敬しているようだった。

編集する物書き

そうした反面、神田さんは寂しがり屋でもあった。だから人をつかまえては議論をふっかける癖がついたのではないだろうか。私もその被害をまともに受けたが、おかげで人間をみる目が肥えたような気がする。

そういう席で、持論の編集者論をぶつことがよくあった。さきにもいったが編集者にはマルクス主義者であることと、文学精神があることが欠かせないといっていたのもその一つであるが、そのほかによく「ゼニのとれる文章を書け」といい、その言葉が印象にのこっている。学者はわけのわからない文章を書くが、そういうことはやるな、というういましめの言葉だった。要するに簡明な表現と鋭いレトリックに主眼をおいた発言だったと思う。

そんな神田さんの発言にあおられたためであろう、私はしだいに編集することと書くことの二つの仕事がじつは表裏一体のものであることに気づくようになった。今日、シンガーソングライターというアーティストの存在が当り前のことになっているけれども、編集する物書きも同じようなことをやっている人間なのである。

三島由紀夫の自決と「剃髪」

私は春秋社に入った翌年（昭和四十五年）の暮れに、ほとんど衝動的に「剃髪」した。頭の髪が急に薄くなっていることに気がついたからだったが、原因はそれだけではなかった。

そのちょうど一カ月前の十一月二十五日に三島由紀夫が自決していた。「剃髪」はこの事件に衝撃を受けたからだったが、当時はもちろんそんなことを口にはしなかった。理由をきかれるたびに、「頭髪が薄くなったから」とか、相手に応じて色合いの異なったカードを切って、いい逃れていたのである。

三島由紀夫の自決は、戦後思想史上の途方もない大事件だったと思うが、この事件にかんして私には忘れられない人物がいる。村上一郎さんである。

村上さんは、春秋社の有力な著者の一人だった。三島由紀夫が市ヶ谷の自衛隊本部で自決したその日、私は春秋社の編集室にいて、たまたまニュースでそれを知った。それから一時間も経たなかったと思う。突然、全身興奮のていで編集室に飛びこんできたのが村上一郎さんだった。

村上さんは、元海軍中尉である。その元海軍中尉であるという身分証明書を同席している社長の神田さんと私にみせて、「今、市ヶ谷の自衛隊に行って門の中へ入ろうとしたら、断わられた」と激した声でいう。みると、身分証明書はぼろぼろになっていて、そこに貼りつけられた氏の若かりしころの写真も薄茶けていた。それを眼に近づけてみせようとする手元もふるえていた。

神田さんと私は、村上さんを社長室に連れこんで、さらに立ち入った話をきいた。村上さんはいわば激越な戦争世代の一人だったが、三島由紀夫に「先を越された」という口惜しさの思いが、自然にこちらに伝わってきた。そのあと、これから春秋社をでて吉本隆明の家に行くといって、あわただしく姿を消した。それからしばらくして村上さんは三島と同じように自ら命を絶たれたが、ふだんはとても心優しい人だった。

橋川文三と丸山真男

当時、丸山真男の弟子のひとりに新浪漫派研究で知られた橋川文三さんがいた。橋川さんの本も社でだすことになり、私は担当になって訪ねて行ったことがある。お茶の水のあたりだったか、ゴミゴミした路地を入ったところの一軒家の二階がその仮りの住まいだった。すぐそばに勤務先の明治大学があったから、そこを借りていたのだろう。橋川さんと話をしていると、いつのまにか広々とした気持ちになった。明るい方だったが、住まいは暗く、陰気な環境のなかでシコシコ研究なさっているという感じだった。あるとき、橋川さんが「師匠の丸山さんが病気になって苦しんでいる、なかなか治らないんだよ」という。

私はそのころちょうど手術をしていた十二指腸潰瘍が再発して、体が十分に回復せず、それで漢方医に通っていた。いい鍼灸医を紹介してもらったせいか、その針灸治療が劇的に効いていた。頭のテッペンから太い針を突き刺されるときはさすがにいやだったが、効果がすぐあらわれた。そういう体験をしていたので、橋川さんに、近代医学だけではだめなんで、漢方に頼られたらどうですかと、丸山さんに勧めてみるようにいった。すると橋川さんが笑いだして、いやそれは絶対に丸山さんには通じないよというのである。

「何しろ彼は徹底した近代主義者だからね。医療についても体系的な医療知識が全部頭の中に入っているから、その近代的な医療や治療以外のものはまったく受けつけるはずがない……」。

これまたいまなお忘れられない言葉である。私のいうことを、橋川さんはわかるといってくれたが、丸山真男という人は骨の髄まで近代主義の人だなということを、あらためて納得したのだった。

春秋社時代のことをあれこれ語ってきたが、私はこの出版社に、専任としては三年ぐらい勤め、あとは嘱託として縁をつなぎ、ぜんぶで五年ぐらいお世話になった。編集者としては浅い経験しかしていないが、その間、編集の仕事を通していろんなことを学んだ。特に神田龍一という経営者としても編集者としても非常に個性的な人といっしょにいたことがためになった。人間としても魅力があったが、同時に矛盾だらけの人でもあった。そこがまた何とも面白かった。その人柄からじつに大きな影響を受けたのである。

とにかく、神田さんとは、本のこと、編集のこと、出版のことを話していて、いつも気がつくと人間の話になっていた。人間をどうみるか、という話になっていた。それは結局のところ、人間をどう批評するか、という大きな問題に行きつくのである。

批評という方法

こんなことがあった。批評の基準という問題をめぐって話がはずんだときだった。

人であれ物であれ、批評する場合には二つの重要な方法があるだろう。一つは徹底的によいところを褒める。批評対象のよいところ、優れたところをみつけだして褒める。上手に褒める、といっていいかもしれない。それがいわゆる小林秀雄の方法だったのではないか。小林の批評における奥の手は褒め上手であれ、ということだ。ゴッホであれモーツアルトであれ、西行であれ兼好であれ、彼の批評の醍醐味はみなそこに発する。小林秀雄の褒め方の極意をみよ、というわけだった。

当時のわれわれ世代というのは、とにかく頭から批評しよう、批判しよう、そういうせっかちな攻撃性に陥りがちだった。批判だ、批評だといっているうちに、いつのまにかたんなる粗探しに走っていた。しかし小林の批評は、そんな上すべりの攻撃性とはそもそも何の関係もない。相手をいかに上手に褒めるかということにつきる。そんなことを神田さんと議論し合ったことを覚えている。これがすぐれた批評の第一のパターンではないか。

そしてもう一つは、鶴見俊輔さんの批評の仕方である。さきにいった『思想の科学』では思想の科学研究会というのがあって、その研究会のメンバーだけが読む会報のようなものがつくられている。今日も刊行されつづけているが、そのなかで鶴見さんが書いていた。

「批評するということは、大刀を抜いてその刃を自分の背中に突き刺す。その切っ先が腹から出るだろう。その切っ先を相手に向けて刺す、それが究極の批評でなければならない」。

私はこの鶴見さんの言葉に胸を打たれた。ああ、批評の究極はここにあるかもしれないと。そういえば、鶴見さんという人は一刀両断に相手を切るということは滅多にしなかった人だ。優しく、柔らかく対象に近づき、つねに相手の立場、相手の長所に配慮しながら批評している人だと、私はいつも感心してみていた。そういう柔らかな優しい批評をする人物の心得というか心構えというものが、大刀を自分の背中に突き刺して、腹からでた切っ先を抱いて相手を刺すと。以来私は、批評する場合にはこの二つの基準しかないと自分にいいきかせるようになった。はたして自分に実践できるかといえば自信はまるでなかったが、しかし、批評のあるべき究極の岸辺にはこういう二つの方法があるということだけは忘れたくない、そう考えるようになった。春秋社時代に教えられ、それ以後私の貴重な道しるべとなったのである。

ヤヌス神のような矛盾

神田さんのいうことをきいていると、ときに矛盾の塊みたいな人だな、と思うことがあった。特定の宗教的な人間にたいして、異常なというか情熱的な関心をみせるかと思うと、頑固一徹のわがままな欲望をむきだしにして、無邪気で純な少年のような言葉を発する。

矛盾といえば矛盾であるが、むしろ私には双面のヤヌス神のような人間にみえることがあった。

前うしろの二つの顔を持つ古代ローマの神である。わが国にも外面似菩薩、内心如夜叉、という言葉が人口に膾炙してきた。そと面は柔和な菩薩さまに似ているけれども、うち側は夜叉のごとき悪鬼の姿だ、というわけである。そういえば仏像には多面を頭上に持つものがあって、その多面には人間の喜怒哀楽の感情が生々しく表現されている。

それを矛盾、矛盾といい立てていたら、人間のあり様そのものが崩壊してしまいかねない。人間の面白さも魅力も雲散霧消してしまうだろう。

やはりこの矛盾といういい方のなかには、それこそ根本的な矛盾がはらんでいるのではないかと思うようになった。双面のヤヌスでいいではないか。外面似菩薩、内心如夜叉で結構ではないかと、いつのまにか私は矛盾嫌いの人間になっていた。

このことは春秋社時代に、神田さんとのつき合いのなかで考えるようになっていた問題なので、ここではそのことについて少々立ち入って書いておくことにしよう。一つは、物を書こうとするとき、この「矛盾」という言葉を使わないようにしようという要心のためである。というのも、たしかに「矛盾」という言葉は、何ごとであれ物を書いていく場合、たいへん便利な言葉だからである。つい使いたくなる。とりわけ事柄が前後錯綜し、対立と葛藤の様相を濃くするようなとき、この「矛盾」という用語ほど重宝なものはない。それでつい使ってしまう。

神田龍一さんと著者　息子とともに

だがそのことによって、議論すべき内容がしばしば薄っぺらなものになってしまう。本当ならば、そこでさらに五行、十行と説明を加えておかなければならないところが、わずか「矛盾」の二文字によって処理されてしまう。それが書くときの癖になってしまうことはとても怖ろしいことだ。「矛盾」という言葉は対象の本質を指し示すというよりは、しばしばその表層だけを一刀両断に切り取ってしまい、そして、あとは顧みない、という矛盾の穴に落ち込む。これはやはり使わないでおくにこしたことはない、敬して遠ざけておこう——そう思うようになったのである。

矛盾の犯人——西田幾多郎とマルクス

「矛盾」という言葉を流行語（！）にした一半の

責任は西田幾多郎にある。世に名高い西田哲学は「矛盾」の概念を練りあげることで、学界はむろんのこと世間にまで知られるようになった。西田哲学に少しでもふれた者なら誰でも知っている「絶対矛盾的自己同一」というのがそれだ。

日本の「哲学」はこの矛盾という言葉を多用するようになってダメになったと思う。西田哲学の「絶対矛盾的自己同一」という訳のわからないいい廻しに幻惑されて、しだいに自分の考えを自分の言葉で語る心得を忘れ、思考のダッチロールを繰り返すようになったのだと思う。

しかしよく考えてみると、その西田哲学においても、最初期の『善の研究』では「矛盾」はそんな大きな顔をして登場してくるわけではない。むしろこのタームは片隅に押しやられているといってよい。周知のように『善の研究』は「純粋経験」という問題について論じたものであるが、その根幹の部分、本筋の叙述の部分ではこの言葉はほとんど姿をあらわさない。ただところどころに、「実在は矛盾に由って成立する」とか「理想は現実との矛盾衝突を意味する」とかいう表現癖がでてくるにすぎない。

ところが、初期の作品ではたんなる前奏ですらなかったこの「矛盾」の旋律が、晩年の体系化された西田哲学のシンフォニーにおいては、耳を聾するばかりの第一ヴァイオリンの音色になって結晶する。「絶対矛盾的自己同一」のテーマがそれだ。

さて、この「矛盾」という言葉を流行らせた第二の犯人は、いうまでもなく「マルクス主義」である。とりわけここでは日本産マルクス主義が問題となるだろう。大正期以降に刊行されたおびただしい数のマルクス主義文献を、ざっとだけでも眺めてみるがよい。そこからは数かぎりない「矛盾」という言葉の破片の山が、それこそ夢の島のゴミの山のようにうず高く積まれていく光景に遭遇することになるだろう。むろんこのゴミの山はマルクス哲学の領域にとどまらない。マルクス経済学、マルクス歴史学……の裾野にまでひろがっている。そのうちとりわけマルクス歴史学の領野にばらまかれている「矛盾」という言葉の分布と堆積に、私は胸を衝かれる。それはほとんど精神病理的現象といってもいいほどのものだ。

しかしここがおもしろいところなのだが、マルクスが若いころに書いた名作『ルイ・ボナパルトのブリュメール十八日』では、「矛盾」という言葉がほとんど幅をきかせることがない。それどころか「矛盾」はそこではたんなる軽い文飾、本文の流れとは関係のない説明的補足語ぐらいの扱いしかうけていない。あえていえば、そのたんなる文飾としてのタームは、本文の行間にほとんど埋没し去っているのである。

この作品は、一八四八年の二月革命がルイ・ボナパルトのクーデタによって葬られ、一夜にして独裁制へとひっくり返された歴史のドラマを冷静な筆で分析し、たぐいまれな明晰さで浮き彫りにした歴史論文であり政治論文である。この「反革命」へと急変する政治過程を分析、叙述するにあたって、マルクスはほとんど「矛盾」という言葉を用いてはいない。その言葉の持つ呪力に一度でも味をしめた者なら、いたるところで使いたくなるにちがいない場面や光景においても、マルクスはその言葉の使用をほとんど自覚的なまでに禁欲している。彼はおそらく現実そのものが、「矛盾」などというヤワな概念を吹きとばすほど深刻かつ複雑なものであることを洞察していたにちがいないのである。

ふたたび繰り返すと、私は西田哲学というのが好きではない。若いころその言語魔術に酔い痴れたことがあっただけに、いまでは虫酸が走るほどに苦手である。しかし西田幾多郎の『善の研究』だけは、昔もいまも変らず私の愛読書であった。彼の作品のなかの最高傑作であるとさえ思っている。『善の研究』一冊さえあれば、あとの全作品が全滅してもすこしも悔いるところはない。

同じようにマルクス主義文献についていうと、私にも長いあいだマルクスかぶれの時期があったので、少々複雑な気持ちになる。いまはただ、臭いものには蓋の気分でいるのだが、しかし『ルイ・ボナパルトのブリュメール十八日』だけは、昔もいまも変らず座右においてきた。あえていえばそれは、私にとっての「文章読本」だったといってもよい。そう考えるようになった出発点が、どうやら神田さんとの出会いにあったようだ。

そんなこんなで、このごろはいつのまにか、「矛盾」という言葉を自分の身辺から追放してしまおうともくろんでいる。その言葉だけではない。「矛盾」的発想、「矛盾」的イメージ、その他もろもろの「矛盾」的擬態を追放してみようと思っているのである。

神田さんと約束した通り、私は『人間蓮如』の原稿を仕上げて、昭和四十五（一九七〇）年の九月になって、春秋社から出版してもらった。

入社してからちょうど一年が経っていた。

第七章　「ナムミョーホーレンゲキョウ」

胸のうちの構想

書きたいものを書いたらいい。

出版したいものを出したらいい。

それが神田さんが提出した春秋社への入社条件だった。もちろん腹のなかで本当にそう考えておられたのかどうか、それはわからない。その後、仕事をするなかで、神田さんは節目節目で、結構難しい注文をつける人でもあったからだ。

しかし入社早々のころは、書きたいものを書け、出版したいものを出版してみろ、というだけで、そのほかに注文や条件をつけてくるようなことはなかったように思う。

それで私は、そのころしだいに胸のうちにきざしはじめていた構想をぽつりぽつり話すようになった。

藤井日達という日蓮宗の僧侶の伝記をつくってみたい、その思いを直接ぶつけたのだった。私が春秋社に入ったころ、七十年代の安保闘争で日本列島全体がわき返っていたことはさきにもふれた通りだ。その反戦反核運動の最前線にいつも姿をあらわしていたのが、藤井日達上人率いる日蓮宗、日本山妙法寺のお坊さんたちだった。黄衣をひるがえし、太鼓を打って「ナムミョーホーレンゲキョウ」の題目を唱えて、デモの先頭に立って行進していた。

上人がいつも口にしていたのが「非暴力」だった。それがインドのマハトマ・ガンディーの「非暴力」に由来するものであることをやがて私は知った。しかも上人はそのガンディーに直接会って教えを受け、意気投合した珍しい日本人だった。昭和六年、単身インドに渡り、日蓮仏教の伝道を展開したときに、ガンディーとの奇遇をえたのである。

昭和六年といえば、私の生まれた年である。いまから八十四年前のことになる。

さて、七〇年代の安保闘争であるが、その反戦反核運動のなかでガンディーのいう「非暴力」の理念が高く掲げられていた。いろんな党派やグループがそれを口にするようになっていた。その波打つような運動のなかで、藤井日達の名が知られるようになっていたのである。

竹内好と丸山真男

当時、そのガンディーの非暴力をあらためて回顧し、再評価しようとするさまざまな言説のなかで、代表的なものの一つが竹内好のそれだった。中国文学が専門で、とくに魯迅の研究で知られていた。彼はガンディーの非暴力を、魯迅のいう「掙扎《そうさつ》」という言葉と対比して論じていた。「掙扎」とは、抗い・抵抗を意味するのだという。竹内によると、この「掙扎」はたしかにガンディーのいう「非暴力」とよく似ているのだが、違うところもある。なぜならばガンディーにおいては、政治闘争に参加する人間はたえず自己浄化によっておのれを鍛えておかなければならない。自分自身を浄化していく契機を失うとき、政治闘争そのものが腐敗し堕落する。その重要な視点をガンディーは教えてくれる。そこが非暴力と掙扎のちがいである、と竹内はいっている。

二番目が、丸山真男や久野収の非暴力にたいする考え方だった。そこに共通する考え方が、政治行動は一時的に過激化するが、それと同時に反面、日常化し慢性化して退潮する、ということだった。そこで、その慢性化し日常化する政治行動を転換させるためには、より高められた「請願運動」を繰り返し展開することが必要となる。そのときガンディーの非暴力思想が重要な役割をはたす、というものだった。

そんな周囲の政治状勢にふれながら、藤井日達という宗教的人間の可能性と魅力について、神田さんの前で語ったことを思いおこす。

藤井上人の生涯

その上人の全体像をあらかじめ見渡しておくために、中尾尭氏の手になる略伝をここに紹介しておこう。

藤井日達（一八八五〜一九八五）

僧侶。熊本県生まれ。臼杵の日蓮宗法音寺で得度して行勝と称し、一九〇七（明四十）年日蓮宗大学（立正大の前身）を卒業の後、京都の諸山に遊学して広く仏教学を学んだ。十二年最初の焼身修行を行い、霊夢により三十三歳から衆生教化を始める。十六（大五）年奈良県山辺郡桃尾の滝で七日間の断食行ののち、自誓受戒して、春日神社で撃鼓宣令の大願を立てた。十七年二月八日、皇居前に南無妙法蓮華経の旗を立て、うちわ太鼓を打って題目をとなえ、国主諫暁、衆生教化の伝道生活に乗り出した。十八年中国の遼陽市に最初の日本山妙法寺を建立したのをはじめ、二十四年静岡県田子の浦、二十七年那須、二十八年熱海など各地に布教道場を開設、三十年身延山の裡廟でインドへの伝道を誓い、インドに渡って三十二年ボンベイ、三十五年カルカッタに妙法寺を開き、セイロンで仏舎利を成得し、三十八年に帰国した。この間三十三年にはガンジーと会って非暴力抵抗思想の深い影響を受けた。

四十五年朝鮮で敗戦を迎えて帰国、阿蘇山中で日本の将来を祈念した。五十年不殺生、非武装による平和を標榜する宗教を立てて伝道活動を始め、五十一年宗教者による平和憲法擁護を提唱した。この後、宗教平和運動の指導者として活動し、五十四年世界平和者日本会議、五十六年ネパールの世界仏教徒会議、五十七年コロンボの世界平和大会などに招かれ、安保条約反対、原水爆禁止、軍事基地反対などの諸運動に参加して、六十二年日本宗教者平和協議会結成の中心となって活動した。一方、五十四年に阿蘇の花岡山をはじめ各地に仏舎利塔を建て、黄衣にうちわ太鼓という独特な装いとあいまって、日本山妙法寺の象徴となった。

（『［現代日本］朝日人物事典』朝日新聞社）

神田社長は、この藤井日達上人の「自伝」をつくるという企画にたいして、何の注文もつけることなく即座に承知してくれた。

藤井上人に会いにインドへ

一九七二（昭和四十七）年三月九日、私は聞き書きをしてまとめた上人の「自伝」草稿を携え、エア・インディア社の航空機に身をゆだねて、インド出張の旅に出た。当時、上人はインド東部のオリッサ州に滞在していたからだった。上人の帰国を待ってからでもよかったのであるが、これも神田さんの即断即決の一言で決まったことだった。

私はすでに四十一歳になっていたが、インドははじめてだった。青春時代、「インド哲学」を学び、インド、インドで生きてきた、そういう気分のなかにひたって暮しを立ててきたのに、インドの方からはなかなか微笑みかけてはくれなかった。

大学院にいた時分、国費による留学生試験を受けたことがあるが、みごとに落とされた。民間のファンドに応募したこともあるが、これも失敗し、いわゆるインド学という学問の世界から撤退を余儀なくするような気分になっていた。それでもインドにひかれる渇きにも似た思いはすこしも衰えることなく、胸の底に重く、深く沈殿していたのである。だから神田社長による突然のインドへの「出張命令」が、とてもこの世のものとは思えなかった。少々大袈裟なものいいにはなるけれども、それはインド古代の森からとどけられた遠雷のひびきのように私を打ったのである。

上人をはじめて熱海の道場にたずねたのが昭和四十六（一九七一）年の五月だった。

ご自分の生涯を語っていただき、それをテープにとるためだったが、上人はたしかな記憶の糸をくりだしながら、順を追って、きわめてゆっくりしたテンポで話された。私はほとんど質問する必要のないままに、ただ耳を傾けていればよかった。こうしてその日はお寺に一泊させていただき、翌日も午後まで作業をつづけて、記録採取の仕事はインド開教の直前まですすんだ。

二回目の聞書をとるために再訪したのは、それから一週間経ってからだった。このときもほぼ同様の作業を続行し、激動の戦後に話が展開して、そのときまでの上人の足跡のすべてをテープに収めることができた。

それからほぼ半年が過ぎて、自伝原稿の整理ができあがった。当時上人は、さきにもいったようにインドのオリッサ州に滞在され、インドの古代王、アショーカ王ゆかりの地カリンガで、仏舎利塔建立の総指揮にあたっていた。二十歳前後のまだ若い青年出家たちの先頭に立って難工事に挑んでいた。きびしい風土と乏しい経済条件のなかで悪戦苦闘されている様子が、日本にも伝えられていた。

ところがこの年の十二月に入ってから、突然インドとパキスタンのあいだに戦端が開かれ、ひきつづいてバングラデシュの独立宣言が報道された。渡印計画は、一時中断せざるをえなかったのである。

年が明けて南アジアの国際情勢が収束にむかった。それで私は予定の行動をとることにし、三月九日になって羽田を発ったのである。

ダムダム空港から妙法寺へ

飛行機が大きく旋回し、ガンジス河口に広々とした平原がうっすらと視野に入ってきたとき、私は経験したことのない緊張感と疲労感にとらえられていた。羽田を発ったのが三月九日の正午三十分、途中で修正をしなかった腕時計の針は二十三時三十分を指していた。が、カルカッタのダムダム空港の現地時間はまだ二十時ごろのはずだった。

機内から外に出て歩行者通路の方に歩いていった。殺風景なコンクリートの洞穴のようなところを足を引きずるようにして歩いていくと、突然頭上からうちわ太鼓の音がきこえてきた。太鼓は強く高く打たれ、うす汚れた通路の白い壁のすみずみにまでひびきわたっていた。

ガラス窓ごしに送迎デッキの方を見上げると、暗い夜空を背景に二人の日本人が撃鼓唱題している姿が目に入った。一人は出家、一人はまだ若い在家の青年だった。心の底に澱のように沈んでいた緊張感がうっすらと消えていった。太鼓の音は私の胸の鼓動に重なるように鳴っていた。その空気の壁を破るようなひびきには不思議な吸引力がひそんでいるようだった。

一切の通関手続きから解放されて待合室にでた私は、出迎えの篠崎行摂上人、大麻豊君と初対面の挨拶を交した。篠崎上人はカルカッタの日本山妙法寺を預かっている人で、私は東京でそのお名前はきいていたし、上人も私のこんどの渡印目的を知っていた。大麻君の出現は思いがけないことだったが、話をするうちに私のインド旅行の道案内をしてくれるらしいことがわかってきた。上人は四十歳前後の物静かな人だったが、大麻君は眼の玉の大きな精悍な感じの若者だった。

ダムダム空港から一時間も走っただろうか。市の中心部から南の郊外に近いローク・ロードの妙法寺に着いたのは十二時近くだった。私は正面右側の個室に入れてもらったが、蚊の大群が押し寄せてきた。上人が用意して下さった噴霧器と蚊取線香で蚊はやがて退散していった。あとは日本から持ってきたウィスキーを喉に流しこみ、そのまま木造ベッドの上にころがりこんだ。

朝食はパンに黒砂糖、それにミルクティーと果物という簡単なものだったが、その席でスワミ・ディラーナンダ師に紹介された。彼は戦時中、日本山の坊さんがみんな日本に引き揚げたあと、カルカッタの妙法寺にたった一人のこって寺を守りぬいた人だった。生粋のインド人で、ベナレス大学でインド哲学と仏教学を学び、やがてインドにやってきた藤井日達上人と出会う。それが師にとっては運命的な出会いとなった。彼はラーマクリシュナ・ミッションにも所属していてヴェーダンタ哲学の深遠性について長々と語ったが、談たまたま藤井上人のことにふれると、上人こそまれにみるすぐれた菩薩であると断言した。

藤井日達上人

ロイド眼鏡をかけ唇の厚い穏やかな顔をしたスワミは、その筋肉質の体格に、日本山とともに歩んだ幾星霜の辛苦のあとを刻んでいた。彼は伝統的なヒンドゥー教徒の通過儀礼である結髪式を受けており、後頭部にわずかの毛髪をのこしてあとは全部そり落していた。お勤めのときはうちわ太鼓を打ち、正確な発音で「ナムミョーホーレンゲキョウ」と唱えていた。参詣してくる老若のインド人にはなにくれとなく世話をやき、太鼓の打ち方まで教えていた。

仏舎利塔建設の根拠地

その日の夜、私と大麻君はカルカッタ発八時二十分のプリー急行に乗ることになった。篠崎上人が一等寝台券を予約して下さった。夜汽車にゆられて東海岸沿いに南下すると、翌朝の五時三十分には目的地であるオリッサ州の州都ブバネーシュバルに着くという。そこには藤井上人が一門の精鋭を引きつれて、仏舎利塔の建設のために命を削っている根拠地があるはずだった。

一夜明けると、ブバネーシュバルだった。時計は五時半を指し、空気がさすがに肌にひやりとする。迎えの小型トラックに乗って二十分ほど走ると、カリンガ道場の白亜の館がみえてきた。背景の小高い丘のうえには、建設途上の仏舎利塔が青空に接して立っていた。大地はいく条もの小川に刻まれ、ひかえ目な木立をのぞけば、さえぎるもののない茫洋とした田圃が広がっている。

道場に着いたとき、一門の方々は廻廊式のベランダに勢揃いして、朝の食事にとりかかろうとしているところだった。藤井上人は挨拶もそこそこに待ちかまえていたように、いまそこに野狐がきていたところですといわれる。毎朝のように太鼓が鳴りだすと、野狐が聞法にくるのだという。私と大麻君は席を与えられ、上人は合掌冥目して食法偈を唱えはじめた。大勢のお坊さん方の低声がそれにしたがう。そのとき上人はすでに八十七歳になっておられた。

アルミニウムの鉢に盛られて目の前に置かれた料理は、はるか極東の、栄養の過飽和に慣れた胃袋にとっては、食欲を徹底的に減殺するたぐいの献立てだった。まず鉢の三分の一ほどの部分は、チャナという茶褐色の豆である。木の実に似ているが、味は大豆と高粱《コーリャン》を足して二で割ったようなところがあり、インドの貧しい人々が摂っている主食である。つぎの三分の一ほどが野菜――といっても白菜かキャベツの葉を刻んで煮つけたもの。これらは、ときには市場に落ちているのを拾ってくる場合があるという。そして最後の三分の一がやわらかく炊いたご飯である。油気がなく、水っぽいインド米特有の味だが、一番安い米なので、なかに小石が混じっている。

おまけにその小石が白色ときているので、肉眼ではなかなか見分けがつかない。そのためであろう。あちこちのお坊さんの口元から、ガチッガチッという小石を嚙む音がきこえてくる。思わず私も嚙んでしまった。ついご飯とともに吐き出したくなるが、我慢する。お坊さん方と同じように、息をのみこむように喉元に流しこむ。あとはミルクティーがミソ汁代りにつく。調味料は岩塩で、小皿に盛られたものから適当につまんでかける。食後に果物がつく場合がある。ミカン、パパイヤ、そんなものだ。

この道場での食事は、一人一日三食一ルピーというから、当時の日本円に換算してほぼ四十八円（一九七二年）である。したがって一食にあてる経費は、その三分の一の十六円ということになる。ぜいたくはできないという段ではない。まさに「インド的低賃金」に見合うだけの最低限の食費によって、日本山の道場はまかなわれている。

ふと気がつくと、耳の遠くなった日達上人は、しだいに高まってくるお弟子方の話し声のざわめきのなかで、ひとり遊戯三昧の面持ちだった。顔をうつむけるたびに、長くのびた白いまつげが、美しい影をおとしている。

朝の九時ごろになると、近隣のインド人が三々五々連れだって工事中の仏舎利塔に集まってくる。彼らは土砂や石を運ぶ人夫である。ほとんどが二十歳前後の若者で、どちらかというと女性の方が多い。日本山は男子に二ルピー半、女子に二ルピーの賃金を払っていたが、それが普通の相場であるらしい。近隣のインド人といっても、そのほとんどが低いカースト出身のきわめて貧しい農民ばかりである。

滞在中、その村のある農家を訪ねたことがあった。それは泥でつくった小屋のようなところだった。小さい明りとりが二つほどついていて、家具といっては食器数点とカマドしか見あたらない、薄暗い土間のようなところだ。

日本山のご出家方ははじめ竹の葉だけでつくった小屋のなかに住んで、道場の建設に没頭していた。私もそこの土間に泊めてもらったのだが、その当時出家方はこのアンタッチャブルの部落の井戸を使わしてもらっていたという。ところが周辺に住むより上層のカーストから苦情がでて、不浄カーストの水を飲んではいけないと忠告された。日本の農村では水の使用は灌漑用水として死活の問題だったが、インド農村の場合は、水はしばしばカースト間の障壁と階級差別を象徴する。

自伝に朱を入れる

私が現地に到着し、聞き書き以来の藤井上人に久しぶりにお目にかかったのが、三月十一日だった。上人はその日の午後から三日間にわたって、原稿一枚一枚に眼を通され、慎重に朱筆を加えられた。直射日光の温度が四十度近くまでのぼっている戸外では、お弟子方がはげしい重労働に従事している。

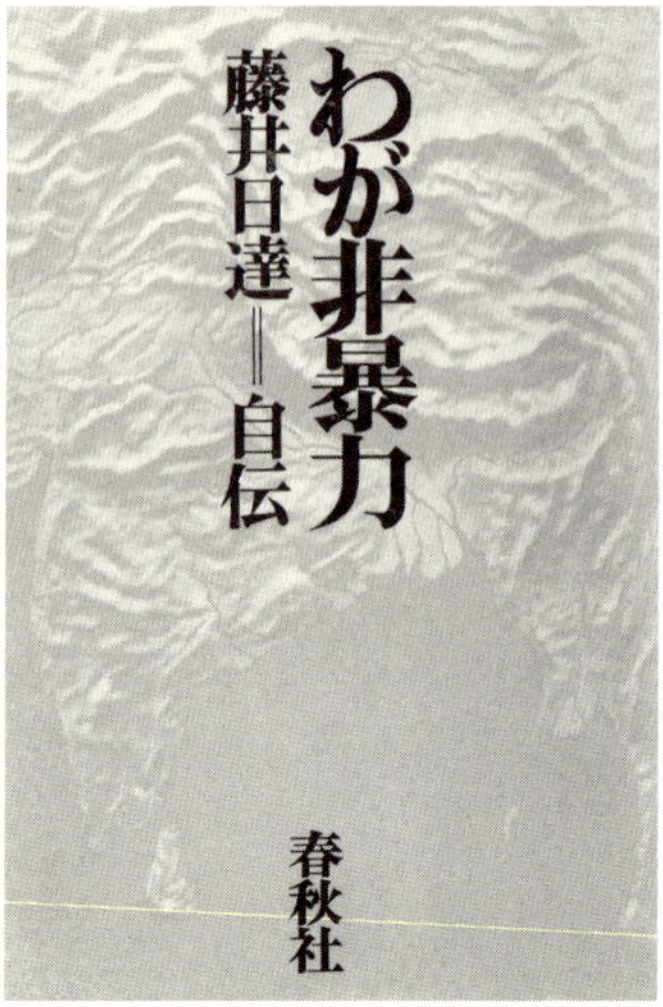

『わが非暴力』（春秋社刊）

上人の点検作業が落着したのが十三日の夕刻で、その日の夜行で私は現地を出立することにした。そして上人がインド開教のために辛苦の足跡を刻まれた土地を眼底に収めるべく、カルカッタ、ラージギル（王舎城）、ボンベイといった、日本山にとっては記念すべき根拠地を訪ねたのである。こうして上人によって最終的に点検された原稿は、私のからだとともに、無事、三月二十五日に羽田に帰着することができた。

この上人による口述の自伝が『わが非暴力』というタイトルで春秋社から出版されたのが、それから六カ月経った昭和四十七（一九七二）年九月十日である。発行者は神田龍一。刊行後、上人は印税のすべてを辞退されたが、その申し出を知らされたとき神田さんが即座に、

「それでは、全額を日本山に寄付しましょう」。

といったことが、今でもありありと記憶に蘇る。

私は藤井日達上人の自伝『わが非暴力』を世に送り出すことができたとき、あらためて神田さんが私の春秋社への入社のさいにいった、

「書きたいものを書け」。

「出したいものを出せ」。

という二つの条件を、約束通りかなえてくれたことに気がついたのである。

第八章　藤井日達上人とは

苦修練行と大陸開教

「日達自伝」をつくるという仕事を通して、私はしだいに、このたぐいまれな宗教的人格の形成過程やその特異な魅力にひきつけられるようになった。ここではその輪郭のいくつかについて語ってみようと思う。

第一は、上人がその生涯において自分自身に課した苦修練行のはげしさについてである。それはわれわれの想像を絶する、まさに知る人ぞ知る消息なのだが、それをじっさいに知らされたとき、私は胸を衝かれた。たとえば虎関師錬の『元亨釈書』（十四世紀）や師蛮の『本朝高僧伝』（十七世紀）には、「行」の項目下にその極限をきわめた逸材の言行がつぎつぎに出てくるが、そのなかの真言宗の覚鑁（一〇九五～一一四三）や華厳宗の明恵（一一七三～一二三二）などのそれに匹敵するだけの修行を、藤井日達は積んでいる。

第二に、上人の足跡は大陸開教にむかい、朝鮮、満州、中国、そしてインドにのびている。戦前は、上人および弟子集団を含めて、日本軍部との接触があり、きわどい不即不離の関係に立つこともあったが、軍部批判の視点が見失われていたわけではなかった。このへんの問題は今後の研究にまつほかはないが、いずれにしろ上人の行動のうちに、過剰なまでに情熱的なアジア主義者の一面が刻まれていたことは疑えない。

シナ浪人型とインド内包型

私は日本近代のアジア主義には二つの型があったと思う。その一つは、北一輝などに代表される、いわゆるシナ浪人型のアジア主義であり、もう一つが岡倉天心などにみられる、インド体験を内包するアジア主義である。

シナ浪人型のアジア主義は、日本とアジアの関係を政治的視点でとらえ、アジアへの膨張と日本革命の課題を同時的に解こうとした。これにたいし、インド体験型のそれは文明論ないし精神史的な視点を介して、日本の近代化そのものへの反省と批判をおこなったのである。とすれば思想家としての藤井日達は明らかに後者の立場に属しているのであって、岡倉天心と血脈を同じくしていることになる。

第三に、藤井日達を指導者とする日本山の出家集団は、どこかカトリックのイエズス会に似ているということだ。イエズス会は宗教改革の発展に対抗して、正統カトリックの屋台骨を補強しようとして成立した。反対宗教改革の代表的なセクトである。ロヨラを盟主と仰ぐこの派は、ザビエルの活躍にみられるように積極的な海外伝道にのりだし、南アジアでは魂と胡椒を手中にすると豪語した。

もっとも日本山の海外開教は、撃鼓唱題に集約されたが、魂と胡椒の獲得といったような攻撃性を示すことはなかった。宗教行動の厳しさも、異教徒の魂をどうこうするよりも、日本の仏法をインドに返すことを重要な目標にすえていた。ロヨラやザビエルにみられる異教徒との闘いぶりと、藤井日達にみられるガンディーゆずりの非暴力思想とはきわ立った対照をみせている。

ガンディーとの出会い

ここで、上人がはじめてガンディーに出会ったときのことを語っておかなければならない。自伝『わが非暴力』の記述によって、その場面を再現してみよう。

昭和六年正月、上人は単身で、インドのカルカッタに上陸。「西天開教」のためだった。十三世紀の日蓮上人の教えと予言にしたがって、日本に伝わった仏教をふたたびインドに伝える、お返しするという使命感に発するものだった。

法華経の「如来寿量品」に「還来帰家《げんらいきけ》」と書かれている。仏法はかならず、その発祥の地（＝家）に帰る、という意味である。この法華経の予言と日蓮の教えに殉ずるという気持ちだったのだろう。

昭和六年といえば今から八十四年前、何度もいうが私の生まれ年にあたる。カルカッタに上陸したとき上人の体力は弱っており、十二貫目を切っていたという。そこからブッダ誕生の地ルンビニーをへて、西海岸のボンベイにたどりつく。在留邦人の世話で、火葬場のそば近く、草庵のような小屋で生活をはじめた。英語もヒンズー語も話さない上人は、太鼓を打って題目を唱えるだけの伝道をはじめる。

当時のインドはイギリスの植民地で、マハトマ・ガンディーの指導のもとに、非暴力の独立運動、抵抗運動を展開していた。

ボンベイの街頭では、太鼓をたたいて町を歩き、祈りつづけるだけだった。布教などというものではない。ただガンディーの運動の成功を祈っていた。だから信者はできない。火葬にたずさわっている人たちがときどき訪ねてくるだけだった。

やがて子どもたちが遊びにやってくるようになる。その親たちがお祭りの日になん人かやってくる。ご馳走のおすそ分けをくれるようになる。そのうちその子どもたちが上人といっしょになって「ナムミョーホーレンゲキョウ」と唱えるようになった。

この噂が、当時インド中央部のワルダというところにいたガンディーの耳に入った。それである日、ガンディー夫人のカストルバーイが上人のところに様子を見にやってきた。一人で太鼓をたたいて町を歩いている坊さんと、その坊さんといっしょに題目を唱えている子どもたちの姿を見にやってきた。そのとき、子どもたち全員で太鼓をたたいて夫人をお迎えしたのだという。

戦後になってふたたび上人がインドに行ったとき、当時の子どもたちは齢をとっていたが、みんな上人のことを憶えていた。昔の思い出話に花が咲き、「わしはあんたにご飯をあげた」「わしはあんたに果物をもっていってやった」と口々に話しかけてきて、笑い合ったという。

私はこの思い出話を上人からきかされたとき、良寛の「手鞠うた」を思い浮かべていた。子どもたちと一日中、手鞠をつき、歌をうたっていた良寛の姿である。

そんな縁が重なって、やがて昭和八年十月になって、上人はガンディーに会うことになる。弟子の手引きで、この年の十月四日にワルダに滞在するガンディーとの会見が実現することになった。

不殺生と非暴力

ワルダはインドの中央高原のまん中に位置する小都会。インドの手織木綿の本場で、いわゆるインド綿の原産地である。ガンディーの姿といえば、半身が裸で、いつも糸車《チャルカ》で綿の糸を紡いでいるイメージが浮かんでくるが、初対面のときもそうだった。ワルダにはガンディーの道場《アーシュラム》があり、ときに政治運動の本拠地にもなり、内外の要人たちが訪れる作戦基地でもあった。

上人が部屋に入っていくと、翁は糸車の手を休めずに挨拶を交わした。上人がうやうやしく礼拝すると、翁はにこやかな笑顔を返す。つれていった弟子の通訳で一問一答をおこない、持ち時間の十五分がまたたくまに過ぎていった。別れぎわに、ガンディーは上人のうちわ太鼓を手にとり、自分でそれをたたいた。「日本の宗教の祈りには、たいそう力強いものがある」といい、上人の滞在中に、アーシュラムにきていたインド人たちもお祈りのはじめに「ナムミョーホーレンゲキョウ」を唱えるようになった。そしてこのお祈りの習慣は、今日もインドのガンディー・アーシュラムにおける日課にとり入れられているのである。

このときのガンディー体験について、藤井上人が後になってつぎのようなことを私に語っておられたことが忘れられない。

ガンディー翁は、インド人のために自国産の絹とか綿とかといった物を着せようとしているだけではない。もっと別な大事なものを着せようとしている。とにかく自国に原料があるのだから、それをまず自分で使う。原料を自由に利用して着物をつくって着る。それから広い土地があるのだから、そこを耕して自分自身で食べるものを作る。暑い国柄だから、建て物だって複雑な細工は必要がないので、雨露をしのぐだけの簡単な住居があればそれで足りる。だからインドの独立というのも、特別の政治機構を作るのではなくして、インド人がみずからの持てるもので自主的に生活していく方法をみつける。そういう方法を追求していくなかで、インドの独立という政治的課題がおのずから解決されるのだ。だからそれは、まず政治的解決をしてからインドの産業を興す、といったようなものではない。そういう考え方とは絶縁して、みずからインドの天地のなかで生活をして、そのほかにはあまり独立というような政治問題は考えない、むしろそのままの姿で独立を達成していく……。

それが藤井上人におけるガンディー理解の核心だったと思う。これはたしかに困難な道ではあるけれども、上人はガンディーの非暴力の特色をそのようにとらえていた。仏教で説く不殺生《アヒンサー》をもとにガンディーの非暴力《ノン・ヴァイオレンス》をそのように考えておられた。うちわ太鼓の音と、「ナムミョーホーレンゲキョウ」の祈りで、二人のあいだの意思がほとんど完璧に通じ合っていたということになるのであろう。

ガンディーはブッダの継承者

私は、上人からガンディーとの出会いのときの状況をきかされたとき、このガンディーこそブッダの生まれ変わりかもしれない、いやブッダの精神の、まさに正統の継承者ではないのかと思った。そしてインドの大地というまたとない舞台が、それを可能にしたのかもしれないと想像するようになった。

いまから思い返せば、おそらくそのことが機縁になったのだろう。私は日本のことをあれこれ考えているとき、無意識のうちにいつもインドと比較している習性が身についていることに気がついた。日本のことだけではない。どうやら自分自身のことを考えているときでも、インドのイメージは形によりそう影のように私の足下を離れないのである。

だが、その影はいつも無気味な微光を放って、これまでの私を脅かしつづけてきた。私の脆弱な精神をたたき、浅薄な思考をあざ笑うことをやめなかった。

書物や文献のうえでは、インドとのつき合いはもう半世紀をこえている。長い時間が経ったと思う。しかし、その流れ去っていった時間の内容を点検してみると、残念ながらいまだに曖昧模糊としたままだ。

そういうなかにあって、インドが多少とも現実味をおびて私に迫ってきたのはガンディーという存在があったからである。もしもガンディーという存在にめぐり会うことがなかったならば、インドはいまだに遠い異郷の地として私から引き離されていたであろう。

ガンディーについての私の考えは、ここ二、三十年のあいだにもさまざまに揺れ動いたが、その紆余曲折のあとに、どうやらそれは大きな円弧を描いて、ある一点に収斂していくようだった。その一点をうまく説明することができないが、強いていえば、ガンディーはさきにもいった通り二五〇〇年前のブッダの、現代におけるもっとも正統的な継承者だったのではないか、という点である。

ブッダの思想と行動の核心をもっとも忠実に受けついだのは、中国や日本に発展した仏教ではない、むしろガンディーの全生涯そのものではなかったのか。インドという大地は、時空を飛びこえたその二人の存在を、一直線に結びつける強力な磁場の役割をはたしてきたのだといってもいい。こうして私の頭のなかには、いつしかもう一つの夢想が住みついてしまったのである。すなわちブッダの時代とガンディーの時代を一挙に見透し、そのうえでブッダとガンディーを同時に把握するにはいったいどうしたらいいのか、という夢想である。

二十世紀の政治家

話は変わるが、いま私は、家にいるときは、午前中、ほぼ新聞を読んで過ごす、三紙か四紙……。歳を重ね、いつのまにかフリーの身分になったからでもある。わが人生で、これほど熱心に新聞とつき合うようになったのははじめてだ。老人フリーターの日課である。

けれども、その新聞を読んでいるうちに眠気がさす。うとうとしていると、そのうち電話が鳴って、ハッと目を覚ます。それからあとは、妄想のときがやってくる。新聞で読んだばかりの内外の情報がにわかにわきおこってきて、その妄想を刺激する。今日流行の携帯ゲームなどとはまったく縁のない、手前勝手な妄想ゲームである。

私の妄想ゲームは、どこからともなくきこえてくる問いかけの声からはじまる。あるとき、激動の二十世紀を動かした政治家五人を挙げてみよ、と誘いの声がかかった。とっさに口をついて出てきたのが、ルーズベルトとチャーチル、となるとつぎはさしずめスターリンと毛沢東か。されば最後にインドのマハトマ・ガンディーを挙げねばなるまい。

これでどうだ、とその誘いの声に答えた。もっともガンディーの存在は他の四人とくらべて、わが国では忘れられがちの名前かもしれない。けれども彼は、長いあいだ英国の植民地として苦しんでいたインドを、それこそ非暴力による抵抗の方法で独立にみちびいた英雄だったではないか。

二十世紀の知識人

妄想ゲームが過熱してくると、第二の問いの矢が飛んでくる。それでは、つぎに、二十世紀の思想界をリードした知識人を五人挙げてみよ、という第二の声だった。

一瞬たじろいだが、意外にすらすらと名前が浮かんできた。筆頭にアインシュタイン、そしてトルストイ、さらに好みにもよるけれどもロマン・ロランやハイデッガー。だがここまできて、はたと立ちどまる。ここでもガンディーの名はどうしても欠かせないではないか。この五人目のガンディーの存在は、いま挙げた四人を「凌駕《りょうが》」するほどの大きな影響を世界に与えつづけているのではないか。

キング牧師とマンデラ大統領

何しろ彼の非暴力抵抗の思想は、第二次世界大戦後、米国のマーチン・ルーサー・キング牧師をつき動かして、その公民権運動の展開の決定的な推進力となった。そのためキング牧師はガンディー同様、暗殺されている。それだけではなかった。アパルトヘイト（人種隔離）で有名な南アフリカに飛び火し、この悪名高い人種差別をはね返す運動をリードしたネルソン・マンデラ大統領の誕生を可能にしたのである。

この大地の根っこから生まれ育ったようなガンディーの「非暴力」は、戦争と革命の二十世紀を生きた人々に最後の希望と勇気を与えたのではないだろうか。やはりその名を無視するわけにはいかないだろう。

私の妄想は、このあたりでクライマックスに達していた。いま挙げた世界をリードした政治家と知識人の両方に名をつらねているのはガンディーだけだ。そんな奇跡のようなことが、いったいどうして生じたのか。新しい問いが謎のように、私の妄想の前に立ちはだかったのである。

ところがまことに気がかりなことに、そのガンディーが近年わが国ではあまり人気がない。それどころか、わが国の政治家でその名に言及するものがほとんどいない。思想界でその名を口にすることが、わずかな場合を除いてほとんどなくなった。したがってメディアの世界でも無視して通りすぎることが多くなった。

日本人はガンディーを嫌いになったのか

こんどの安保法制の問題で集団的自衛権が国会で議論されたときもそうだった。与党も野党もそうだった。安保法制に反対する組織やグループの運動でもそうだった。「九条」を守る会なども同じ戦列についていていた。

日本人はいつのまにガンディー嫌いになったのだろうか。ガンディーのいう非暴力抵抗の思想に、いつのまに音痴になってしまったのか。ガンディーの思想は、二十世紀の国際社会でまことにきびしい試練を受けたのであるが、しかしその成果が今日ではすでに一致して高い評価を受けているにもかかわらず、である。

思い返せば、戦後の日本が六十年安保で揺れていたときは、運動の側にもメディアの報道にもガンディーの非暴力を想起せよとの声が上がっていた。それが戦後七十年、この国はいつのまにかガンディー嫌いの風潮に押し流されてしまっているのである。

もっとも明治以後、少なからざる数の日本人がいろいろな形でインドと深いかかわりを持ってきた。たとえば岡倉天心、大川周明、河口慧海など。そこには陰忍と辛苦の歴史が横たわり、知的な探検と超人的な冒険の物語が書き加えられていった。しかし、ほぼ半世紀もの長きにわたってインドと持続的な交渉を持ちつづけ、そこに献身的な情熱を注ぎつづけたという点で、藤井日達上人はまさに他の追随を許さぬ、きわ立った存在だったと私は思う。

上人は日蓮宗の一派に属する日本山妙法寺の山主であるが、そのインドとのかかわりは、ときに宗教者という境界線をとりはらってしまうほどに多岐にわたっている。あえて比喩的にいうならば、藤井日達が単純な宗教家でないのは、あたかもあのガンディーが単純な政治家でなかったのと奇しくも軌を一にしている、とさえ私は考えている。

藤井日達の宗教行動におけるある側面とその非暴力の思想が、ガンディーとの邂逅によって触発されたものであることはさきにふれた通りである。半世紀に近い上人のインド体験は、ブッダの使徒としての上人が、同じくブッダの精神的後継者としてのガンディーと出会い、火花を散らしたことにもとづいている。私はいく度かインドを旅して歩いているうちに、そのことに気づかされ、いつしかそのことの意味を考えつづけることで、インドの理解を深めていこうとしていたように思うのである。

それにしても、「藤井日達」という人間はいったいどのような人間だったのか。

第九章　藤井上人の思想行動

インドから来たサンガ・ラトナ君

藤井上人の「自伝」をつくろうと思って、はじめて熱海の日本山妙法寺を訪れたのが、一九七一年の六月上旬のことだった。

お目にかかって、しばらくの間いろいろなお話をうかがっていたとき、新しい来客が告げられた。私は遠慮して坐を立とうとしたが、上人はそれを制止された。私は、なりゆきにまかせることにした。

来客というのは当時比叡山の釈迦堂で住職をされていた堀沢祖門師と、大きなくりくりした目のインド少年だった。入室してきて挨拶が交され、話が進行していくにつれて事情がはっきりしてきた。

少年の名はサンガ・ラトナ君といい、まだ九歳になったばかりだという。日本の仏法を比叡山で学ぶために、単身で羽田空港に飛んできたということがわかってきた。日本語はまだ解さないようだったが、小さな掌を合わせて、藤井上人にむかって礼拝している。その姿をみて、芯の通った一途なものがこちらにも伝わってくるようだった。私はいつしか、かつてのわが国の仏教僧が海を渡って中国の高僧に面謁したときの情景を、目の前の珍しい出会いの場面に重ねて、心を遊ばせていた。

そのうち、堀沢師の口からつぎのようなことが報告された。サンガ君の両親はインドで仏縁にふれた人であるが、いよいよ最終的に息子を手離すとき、この子は仏弟子に捧げたのであるから、たとえどんなことがおこっても私たちは悔やまないといった。たとえ志ならずして異国の地で死のうと後悔はしない、という意味のことが紹介されたのである。

堀沢師はこのことを比較的淡々と話されたのであるが、ふと気がつくと、上人の眼に涙があふれていた。それはいまにも一筋の糸になって流れ出ようとしていたが、そのうち、そのあふれたものはすうっと引いていくようだった。ほとんど一瞬のことだったが、このとき私は上人の心のうちをかいまみたような気がしたのである。

人間の純な感情は、知解の発達によってしだいに摩滅していく。また、枯木寒巌とは禅家でいう言葉であるが、われわれは生ける屍となった「聖体」を悟りの境地と誤解して、とり返しのつかない錯誤におちることもある。

だから、ほとんど六十年にわたる激しい苦修練行をつんだ上人が、なお少女のようにみずみずしい情感をそのうちに秘めていることを知って驚いた。私はそのサンガ君にむかっていた自分の心のぎごちない堅さを、ひそかに深く恥じたのである。

上人の一瞬の反応は、たんに鋭敏な感受性といったようなものではないであろう。あふれた涙は、いまにも堰を切るようにして、しかし一筋の流れとなることはなかった。涙は自然に、引き潮のように引いていった。それはいわば、悲しさにも優しさにも通ずる涙の干満だった。

修行なくして下化衆生なし

上人は、ご信者や、私などのように何らかの機縁にふれて近づく者にたいして、まことに柔和で親切な態度をくずさない。こちらの世俗的ないい分にもごく自然に耳を傾けられ、われわれをいつのまにか慈光のなかに誘うかのようだ。

ところがその上人が、お弟子方にたいしては仮借なき鉄槌を下す。秋霜烈日とは平凡な形容だが、私はたまたまそのような場面にぶつかって、心中ひそかに肝をつぶしたことがある。

上人が出家の世界と非出家の世界をこのようにきびしく峻別しているのは、修行なくして下化衆生（衆生教化）はありえないという信念からくるのであろう。修行のゆく手に、巧みな誘導とか甘言とかは無論無用の方便であるが、それ以上に、上人は出家というものにたいして死の覚悟を要求している。

上人のこれまでの一生も、おそらくこの一点を離れることがなかった。

そんな上人の姿をかいまみるとき、上人はいつもまったく孤独のなかに生きている人、というようにしか私の目には映らなかった。

上人はそんな私にむかって、ときどき思いもかけない話をされることがあった。昭和六年に、単身でインドに渡ったときのご自身のことを、「まるで、今でいうヒッピーの旅のようでした」といわれたことがある。

上人は、日本山妙法寺に一宿一飯を求めてくる者にたいしては、どんなことがあってもそれを受け入れていた。

なかには未熟な者やこころない者がいて、迷惑をこうむることもあるけれども、上人は、原則的にはヒッピーとは道を求める者だとする考えを持っていた。

たまたまブッダの話になり、釈尊こそまさに古代インドにおける典型的なヒッピー、という言葉が上人の口から飛び出したこともあった。上人のヒッピー好きには筋の通った人間観が隠されていたことがわかる。それにユーモラスな味わいがただよってもいた。

たまたまカルカッタの日本山のお寺に泊めてもらったとき、本堂に掲げられているつぎのような歌をみつけた。

日本山貧乏神に守られて

貧乏生活との二人三脚、それがわれわれの運命だといっている。日本山と貧乏神が宿命的な愛人同志であることは疑いないが、上人は、ヒッピーが日本人であれ外国人であれ、まずもって貧乏神に見守られていることに共感を寄せている。

上人の言々句々ににじみでるユーモラスな社会批評は、ヒッピー族にたいする父親のような愛情とどこか通じているようにみえたのである。

男女の目をおのれのものにする

けれども上人の生涯をたどっていくと、じつの母親にたいする思いがいかに深いものであったかがわかる。それが、あのマハトマ・ガンディーの場合を私に思いおこさせる。

ガンディーの父はインドの小藩王国の首相までつとめた政治家だった。だが母親は信心深いヒンドゥー教徒だった。ガンディーの自伝をみると、彼は学習遍歴時代の危うい青春期に、しばしばこの母親の精神的な庇護によって助けられたといっている。

一般に「母」の影響が、宗教的人間の成長に重要な意味を持つということがいわれる。生前のガンディーがしばしばいっていたことだが、女性的な非暴力の思想こそが、イギリスの男性的な暴力＝帝国主義に対抗することができたのだと。おそらくそのためだったのだろう。戦後の日本において上人が追求しようとした平和運動も、そのガンディーによる影響とともに、上人のうちに内在している女性的なものへの信頼、とりわけその母親思慕の思いにつながるものだったのかもしれない。

女性的なものへの信頼がけっして弱さや優柔に由来するものでないことはいうまでもない。むしろそれこそがしなやかな精神や豊かな持続力を生みだす源泉となる場合が多い。

われわれはその典型的な例として日蓮を挙げることができるだろう。彼の遺文集をみると、じつに多くの女性に手紙をだしているのがわかる。それらの女性のことはもちろん、その親、夫、子どもたちの消息まで細かくたずねて温かい心くばりをみせている。

信徒たちの家族の誰かが亡くなった場合には、真情あふれる慰めの言葉を書き送ってもいる。佐渡や身延山の逆境のなかにあったときも、日蓮の純粋な思いやりの感情はますます冴えわたっているのである。そのような日蓮の生き方が、藤井上人の母親思慕の思いのなかに蘇っていることに気づく。

ほんものの出家とは、男性の目と女性の目を無差別におのれのものとするときに誕生するのかもしれない。

ものごとには中心がないといけない

ここで、もうひとつふれておきたいことがある。上人の国家観と国土観についてである。上人はすべてものごとには中心というものがなければならないといっている。これはもしかすると、生まれながらにして指導的資質を持つ人間にそなわっている感覚かもしれないが、それが上人の言動にも表われていた。

たとえば上人は、日本という国土の中心は富士山であるが、日本という国家にも中心がなければならない、それがすなわち天皇であるという。国土の中心を富士山と考えるのは、法華経の行者が伝統的な富士信仰の流れを受け入れてきたためかもしれない。そして国家の中心に天皇をすえるという発想のうちには、明治人にみられるナショナリズムの色濃い反映をみることができるだろう。

上人は出家の第一歩をふみだしたころ、宮城の二重橋で撃鼓唱題の行動にでている。その後、葉山のご用邸やその他の土地で天皇のために太鼓を打ち題目を唱えて祈念をつづけている。天皇は日本国の中心に安座すべき存在とみなしていたからだろう。天皇のために祈念することは日本という国家のために祈念することだった。その祈念は、日本近代の形成過程では、外国の攻撃から日本国を防衛するとともに、日本の国力がアジアの各地にむかって膨脹していくための祈念でもあった。

そういう点では、天皇にたいする上人のご祈念のうちには危ない情熱が潜在していたと思う。けれどもその危うさの盲目的な発動を抑えて、上人自身の情熱の均衡を保持させたのが日本国土の中心は富士山であるとする信念だったように思う。

戦後になって上人は、日本のみならずインドにまで仏舎利塔を建立する事業にのりだしていく。その建立の地がいずれも景勝の地であり、高い山の上であったことが印象的である。上人の思想と信仰がいかに国土というものと密着したものであるかということが、そこからもわかる。

日本山妙法寺の第一号が、田子の浦に建てられた道場だった。そしてその後上人が日本における本拠地とされたのが、熱海につくられた日本山妙法寺だった。上人は日本に帰っているときは、熱海の道場に滞在することを好まれた。それも、日本国土の中心である富士山をそば近くでふり仰ぐことができるからだった。

ところがあるとき、上人は私にこんなことをいわれた。

「これまで自分は日本の中心は天皇であると思っていたが、これからの若い世代はそうは思わないであろう。それが当然である」。

これからの世代が日本の中心に何を見出すかについて上人は何もいわなかったが、それは新世代が見出すべきことだったからだろう。

その言葉をきいたとき、上人はこの「日本の中心」といった発想からはすでに解き放たれていたようにも思う。そのとき真剣に考えておられたのは、むしろ「世界の中心」といった問題だったような気がするからだ。その一つのシンボルとして、仏舎利塔建設の運動を世界にむかって位置づけようとしておられたのかもしれない。

こんどはネパールへ——ヒンドゥー教と仏教

一九七三（昭和四十八）年の十二月下旬だった。私はこの年の春、春秋社を退社していたが、編集の仕事をまだ手伝っていた。その一環としてネパールに出張したのだった。藤井上人がお弟子たちを率いて、その地に仏舎利塔を建設しようとしていたのである。

着いた日の昼近く、カトマンズ空港の空は、一点の雲もなく晴れ上がっていた。

北インドのパトナ空港から四十分ほどの空の旅だったが、年の瀬も押しせまった季節とはとうてい思えないほどの、陽気で明るい雰囲気があたりを満たしていた。

同行して下さったのが、日本山一門の酒迎天信上人だった。私にとっては最初のネパール経験だったため、見るもの聞くものがインドとはまたちがって、異様でもあり新鮮でもあった。

カトマンズ市内だけで三〇〇〇近くのストゥーパ（塔）があるといわれ、数十にのぼる大型の寺院が目白押しに建てられている。街を一〇〇メートルも歩けばヒンドゥー教の祠にぶつかり、石積みの一般家庭の内部に足をふみ入れると、四角の中庭があって、そこに水場とともにストゥーパや神像を祀った神殿がある。

有名なスバヤムブー寺院は仏教式のストゥーパを中心に持つ大規模な聖域だ。奥殿に入ると、ブッダの像とともにヒンドゥー・パンテオンの神々がところせましと祀られている。しかもそのなかには、明らかにチベットのラマ教を経由したと思われる密教像が数多く混じっている。このような仏教とヒンドゥー教の混淆、ラマ教と密教の混在、並存の関係は、カトマンズ市内の寺院ではどこでもみられる光景である。

だから、主賓格のご本尊がブッダや如来であるのか、あるいはシヴァ神やヴィシュヌ神であるのか、その差だけでその寺院が仏教寺院とかヒンドゥー教寺院とされているだけのようにみえる。

それらの寺院で現に生きている信仰は、どうも仏教とかヒンドゥー教といった大宗教に立脚したものではなさそうだ。なぜならまず第一に、仏教とかヒンドゥー教がセクトとして自己を主張し、対立しているようにはとてもみえないからである。

だが当時、ネパールの国王はヒンドゥー教徒で、ヒンドゥー教が国教とされていた。その国に、藤井上人に率いられる日本山妙法寺は仏教の仏舎利塔を建立しようとしていたのである。当然、国内のヒンドゥー教勢力の側からの反撥があった。

そのころネパール政府が国連統計のために正式に提出した数字によると、ネパールの仏教徒は十数パーセントだったが、実際には仏教徒の人口比は五十パーセント近くであるという噂もあった。そんなことも手伝って、ネパールの王制は、国内における仏教の積極的な運動には好意を持っていなかった。

ただネパール国内の上座部系の仏教徒たちが日本山の開教事業に賛同し、その協力の下に藤井上人は平和の塔をネパールの地につくろうと考えたのである。

カトマンズでの一夜は、上人のご信者が経営するロッジに休ませてもらった。その日の夕方、インドの王舎城からもどったばかりという童顔の増永上人にお会いした。陽の落ちたあとのカトマンズ盆地の冷えこみはきびしかったが、上人の案内で、夜のカトマンズの素顔をいくつか見て廻った。ちょうどその日が国王の誕生日であったためか、一面に点灯した王宮の夜景が、お伽の国のように遠くから眺められた。

藤井上人と再会する

翌日、上人のお弟子や土地のご信者たちのお世話で、仏舎利塔建設の現場であるポカラにむかって旅立つことになった。そこに上人が滞在しておられる。

正午すぎに出発した車は、山腹をくり抜くようにしてつくった立派な舗装道路を突っ走る。道路の幅は約六メートル、目的地のポカラまで二五〇キロである。中国の財政援助によってつくられたというだけあって、それは、すわ一大事というようなときには、ただちに軍用道路か治安警備道路に姿を変えるようにつくられていた。その全行程で、トンネルが一カ所もないのが印象的だった。

旅は何とも単調で退屈なドライブだった。村のようなところを通りかかると、かならずといっていいくらい検問をうけた。いちいちパスポートを調べられる場合と、誰何《すいか》されるだけの場合もあったが、ポカラ到着までのあいだに、何と十数回もの検問をうけたのである。

ポカラ盆地に着いたときには陽がすでに落ちかかっていたが、ダウラギリやアンナプルナの八

ネパール・ポカラにて
（右端はお弟子の酒迎天信上人）

〇〇〇メートル級の高峯が、その純白の山肌を輝かせて眼前に迫っていた。この盆地は海抜約一五〇〇メートルで、カトマンズ盆地より三〇〇メートルほど低い。海外からやってくる登山隊の多くは、ここを中継点にしてヒマラヤに挑戦していく。かの河口慧海も、明治の末にこのポカラを経由して、チベットの奥深く入っていった。

ここまでくれば、日本山一門が立てこもる山は指呼の先にみえる。日も暮れたので、盆地のホテルに一泊する。ホテルのマネージャーはインド人だったが、従業員のほとんどは若いチベット人の男女だ。

翌朝早くホテルを出て車を拾う。ものの十分も走ったかと思うと、美しい湖水に出た。岸辺には数人乗るのがやっとといった丸木舟がいくつかつながれていて、十歳前後の可愛い船頭たちが群れている。それに乗りこんで、湖面をすべるようにいくと、二十分ほどで着岸した。そこからは急斜面の山道が頂上までつづいている。

強い日ざしが頭上から降りそそぐ。全身に汗がふきでてくる。小一時間ほど経って頂上にでた。私が藤井上人と久しぶりにお会いしたのが、その頂上の東隅に建てられている仮草庵においてだった。間口三メートル、奥行十メートルほどの石積みの建物だった。漆喰はまだ乾き切ってはおらず、土間にはござや毛布が敷かれていた。簡易ベッドが三台おかれ、正面に等身大の釈迦誕生仏が奉安されていた。

娑婆のなかに寂光土

上人はお元気で、温顔もいつもの通りだった。その無防備の肉身をきびしい風土にさらしているにもかかわらず、ヒマラヤ開教という切迫した緊張感に包まれているようにみえた。ネパール国王の別荘が下の湖水のほとりにあるが、ときどき国王の一行がそこへやってきて、山上の様子を偵察していくという。監視下におかれていたのである。挨拶もそこそこに、上人の話は仏事の核心に入っていく。

上人とはじめてお会いしてから、どのくらいの時日が経ったのだろう。そのあいだ私は、上人から世間話らしいものをきいたことが一度もなかったように思う。合掌し、礼拝してのち顔を合わせると、上人はいつも、あまりに重い問題にわき目もふらずに直進していかれる。

それは仏法についてであったり、宗教にたいする権力の暴力性についてであった。人間の貪欲の強さについてであった。

日常茶飯とか行住坐臥といった言葉があるが、それはそのままの姿で仏法の世界を表わしているわけではない。そのままの姿ではたんなる餓鬼世界であり、畜生世界であると上人はいう。要するに「娑婆《しゃば》（世俗社会）」にすぎない。

上人が繰り返しいわれるのは、けれども自分はこの娑婆世界を捨てて極楽世界に行こうとは思わない。悟りの境地に到達しようとは思わないと。問題なのは、この娑婆のなかに寂光土があらわれてくるようにするだけである……。

しかし結果としてそこに寂光土があらわれてはこなくても、自分はいささかも恨むところはない。この娑婆を寂光土にしていくための無限運動のような実践が、瞬時も上人の念頭を去らない永遠のテーマだった。

昼近くになって上人は、私を山上のわらび取りに誘われた。お弟子をお伴にして草むらに沿って行くと、上人は、あっと小さな声をあげて、めざとくそれを見つけて、わらびをつみとる。

このわらびは、われわれの大事な食事になります。それで閑をみつけては毎日のようにわらび狩りをしているのです……。

少欲知足をめざす日本山式食事法の実践だったというほかはない。

私がこの山上に滞在していたのは十二月三十日から翌年（一九七四年）の元旦までのわずか三日間にすぎなかった。大晦日の夜の法話、深夜十一時の法話、翌元旦の朝の法話、そしてネパールの人々を前にしての昼の元旦説法がつづいた。

その期間中、山頂では一〇〇人を超すネパール人が本堂の建設のために骨身をけずっていた。賃金は労働の性質に応じて、一日三ルピーから八ルピーときいたが、かれらの顔はみな笑みに満たされていた。日本山のご出家方は、戸外にテントを張り、そのなかで寝袋に入って睡眠をとっている。すでにそんな生活が半年以上もつづいていたのである。

ポカラ山上の気温は、日中は三十度を超え、夜間は三度に下がる。マチャプチャリ、アンナプルナ、マナスルの大きな山塊は、〇度近くまで下がる深夜でも、その白嶺を美しく輝かせて、日本山一門の開教事業をはるかに見守っているようだった。

第十章　インドの匂い

国際理解賞受賞

一九七八（昭和五十三）年十月のことだ。故ネルー首相を記念して設立された国際理解賞という賞が、日本山妙法寺の山主、藤井日達上人に贈られた。インド副大統領のＢ・Ｄ・ジャッティ氏を委員長とする審査委員会によって選ばれたのである。

受賞の理由として挙げられたのが、精神的調和、平和、非武装を訴えて無私の献身をおこなったことである。この賞の性格を一言でいえば、インド政府をスポンサーとするネルー平和賞、といってもいいものだった。

受賞者は毎年選ばれていた。第一回の一九六五年度はウ・タント前国連事務総長だった。以来、マーチン・ルーサー・キング牧師、辺境のガンディーといわれたアブドゥル・ガッファル・ハーン、ヴァイオリンのメニューヒン、聖女マザー・テレサ、チトー大統領、アンドレ・マルロー、ニエレレ大統領、イタリアのギュゼッペ・ツッチ博士などが受賞している。

藤井上人はさきにも述べたように、昭和六（一九三一）年に渡印してから約半世紀のあいだインドと深くかかわり、昭和八年にはワルダのアーシュラムでマハトマ・ガンディーと邂逅している。当時、上人はガンディーのもとを訪れたネルーとも会っていた。また戦後の昭和三十一年になって、ネルー首相の招きで仏陀誕生二五〇〇年を祝う式典に出席するため渡印し、ネルーとの旧交を温めた。

その上人の戦後における平和運動は、昭和二十九年に熊本市の花岡山に仏舎利塔を建設したときにはじまるが、その思想的原点は昭和八年のガンディーとの出会いにあったといっていいのである。

戦後になって上人は、国内はもとより海外まで広くその足跡をのばしていく。戦争と核武装の廃絶を訴え、諸宗教の指導者たちとの友好を深めた。その情熱的な行動の根底には、法華経にもとづく透徹した日蓮信仰と並んで、ガンディー流の非暴力の信念が横たわっていた。実践的には、世界各地に平和のシンボルとしての仏舎利塔を建立することを不動の指針としていたのである。

上人の行動範囲はインド、ネパール、スリランカをはじめとして、アメリカ、ソ連、中国、ヨーロッパに及んでいる。そういう点で上人の平和行脚は、まさに「世界巡礼」の名に値するといえるだろう。ネルー国際理解賞を上人が受賞されたのも自然ななりゆきだった。

教え子たちと藤井上人のところへ

この上人が受賞された年にさきもふれたが私は春秋社をやめて、駒澤大学に勤めるようになっていた。そのほか、筑波大学や東洋大学などにも出講していた。

すでに四十代の後半にさしかかっていたが、この年の五月に十人ほどの教え子たちといっしょに箱根山を歩いて、そして越えた。

一日目は、箱根の湯本から雨の中を元箱根まで登り、芦の湖畔で一泊する。翌日はそこから歩きはじめ、仙石原まで足をのばした。前日と同じく雨が降っていたためもあり、仙石原からはバスで乙女峠越えに御殿場にでた。そこでは、日本山妙法寺の御殿場道場に泊めていただいた。

三日目は、御殿場から沼津まで歩く。御殿場でふり仰いだ富士山はほとんどこの世のものとも思われない美しさで輝いていた。その富士の山が、沼津までの道すがら、しだいにわれわれの心のひだにしみ通ってくるようだった。

沼津の海岸に出た。強い風が吹いていた。突堤にあがって寝そべり、岸辺を打つ荒い浪しぶきのあいだから眺めた富士は、まるで生き物のように宙天高くそびえていた。

私はそのとき、富士の山は東海道を歩きながらみるものだ、ということを自然に納得した。それは新幹線の窓を通して眺めたり、飛行機の上から見下ろしたりするものではない。北斎や広重の版画にあらわれる富士のように美しく、また怖ろしいものにみえるのは、それが東海道を足で歩いた人間の眼によってとらえられたからであるにちがいないと思うようになった。

四日目は、沼津から富士市まで海岸沿いを歩いて、われわれの計画は一段落した。この最後のコースでは、私をふくめて何人かが落伍したが、ともかくも箱根湯本の地点から数えて四十五〜五十キロほどを四日で歩いたことになる。

まずは、予定通りの日程をこなすことができたことにわれわれは満足した。そして翌五日目には、熱海の藤井上人を訪問して打上げ式にしようと衆議一決したのである。

万朶の桜に心を寄せる

その日も熱海の道場は静かで、空気は澄んでいた。上人の「自伝」をつくるためにはじめて訪ねたときから、すでに八年の月日が経っていた。以来、いくどかこの山にはきていたが、このときほど身心の疲労を感じているときはなかったような気がする。

私は上人にお会いするなり、われわれは四十五キロほどを歩いて、こちらにお邪魔しましたと申しあげた。すると上人は、まさに破顔一笑としかいいようのない表情で、私の若いころは毎日六十キロは歩きましたよと、こともなげにいって澄ましておられる。

おそばの歳老いたお弟子が言葉をついで、あのころお師匠さまの足の裏には一センチ幅ぐらいの脂肪の厚みができていて、並みの革ぐつの底などよりはるかに頑丈だったといわれる。われわれの遊び半分の「散歩」と上人の「修行」とのちがいが、まさに天地の懸隔ほどのものであることを、この足裏の脂肪の話は物語っていた。

日本にいるとき、上人はよく吉野に足を運ばれていた。吉野は千本桜の名で知られ、上人もその桜の魅力にひかれ、その地をたびたび訪れるようになった。それでそのとき、お上人はどうしてそんなに桜がお好きなのですかとたずねてみた。

上人のお答えはしごく簡単なものだった。

「桜はやはり万朶の桜がいちばんですね」。

その点で吉野の千本桜は理想的であるといわれたのである。それなら、散る桜は、という私の言葉にたいしては、散華する桜もよいけれども、やはり桜は一面に咲き乱れ、畳々としていつまでも咲きつづける万朶の桜がよいのだと。

散る桜よりも万朶の桜、という上人の言葉に、私はどうしたわけか新鮮な驚きを覚えた。以前、私は吉野の西行庵を訪れたことがある。夏の真盛りで桜の季節ではなかったけれども、小高い崖を背にしてひっそり建っている西行庵は、眼路のつづくはてまで一面の千本桜に包まれていた。

藤井上人の言葉をききながら、私はふと西行のことを思い出していた。桜をうたいつづけてやまなかったこの歌法師も、上人と同じように散る桜の哀しさよりも万朶の桜の豊麗な美しさに心を奪われていたにちがいないと思ったのである。

散華する桜には死のイメージが宿っている。だが、咲きつづける万朶の桜には豊かな生命が噴きあげている。西行法師も、そして藤井上人も、このような万朶の桜にひそかに心を寄せていた――それは私にとっても新鮮な発見であった。

ナショナリズムとインターナショナリズムを媒介する

いまにして、ふと思う。上人の平和運動の根底に、このような万朶の桜にたいする生命的な共感があったのではないかと。いつまでも静かに咲きつづける千本桜との純な自己同一の感覚である。桜へのこの同一化が、上人にあってはときに民族的な誇りを支える心情と一つになっていたことはいうまでもないだろう。けれども同時にそれは、民族の血を超える純粋感情としての平和希求を象徴する源泉でもあったのではないだろうか。

こうして桜の花への共感という問題は、上人におけるナショナリズムの心情をインターナショナリズムへと媒介する、きわめて重要なモチーフだったように思う。

ひとしきり桜の話に花を咲かせたあとで、何気なく口をすべらせた。

「上人は、常日頃は熱海においでになって富士山を眺め、また相模灘ごしに太平洋を見降ろしておられる、そして春ともなれば千本桜の吉野へと出向いていかれる。どれをとっても日本一の花と山と海を眺めての日常のお暮らしは、まさに日本一の贅沢を満喫されているのではないでしょうか」。

むろんその「贅沢」は、九十歳をとっくに越えた、常人には及びがたい厳しい修行に耐え抜いてきた人だけに恵まれる、ほとんど稀有の「贅沢」ではあったのであるが……。

上人にお目にかかってから、いつも心のうちに反芻してきたことがある。そのことにもふれておこう。

上人が率いる日本山妙法寺の一門は、伝統的な日本の旧仏教にたいして必ずしも宗教改革をおこなおうとしているわけではない。日本山には特別の立宗宣言というものはない。法華経にもとづく独立した出家集団ではあるが、もちろん日蓮宗と敵対関係にあるわけではない。戦後は、とくに平和運動において個性的な役割をはたし、その砂川や三里塚における出家集団の反対闘争は世間の耳目を驚かせた。

現代の日本の仏教のほとんどは「渡世仏教」であると、上人はよくいわれる。しかしだからといって、カルヴァンがやったような根元的なプロテストを日本の仏教教団にたいしておこなおうというのではない。

むしろ既成仏教の衰弱した根元に反省を求め、旧仏教の覚醒をうながそうとしている。その点でセクトとしての日本山妙法寺は、イエズス会の運動がそうであったように、反対宗教改革の日本バージョンだったといっていい。

藤井日達と鈴木大拙

つぎに現代の宗教思想家の社会的役割ということでいえば、藤井日達は鈴木大拙と肩を並べ、それと比較しうるほとんど唯一の人物であろう。大拙が在家のまま学問的境涯にふみとどまったのにたいし、ストイックな出家である日達は、終始実践の広場にでていった。

その点で、両者は異質な人生行路を歩んでいる。しかしその日達上人も、青壮年期には旺盛な探求心にみちびかれて仏教の八宗にわたる典籍を読破している。上人の文章は、鈴木大拙のようにいまだ世間の人々の多くに読まれてはいない。だがそのなかには、珠玉のような文章もある。

さきに社会的役割ということにふれたが、大拙も日達も、日本の仏法を海外に啓蒙しようとしている点できわ立っている。日本の知識人は国内向けの啓蒙家にたいしては注目するが、それよりはるかに困難な海外向けの啓蒙の事業にたいしては冷淡な態度をみせる。

たとえば日本の仏教学界は、鈴木大拙の数々の業績を、そのアカデミーにのみ通用する膨大な文献リストから閉め出してきた。そして日本の仏教界は、藤井日達の苦難の生涯を、みずからの教団経営のどこにも組み入れようとはしなかった。

私が上人にお目にかかりお話をうかがっているうちに、いつのまにか心のうちに温めてきたのが以上のようなことだった。

嗅覚的な世界、インド

さきにもいった通り、私が藤井日達上人に会うためにはじめてインドを訪れたのは、一九七二年三月だった。今から四十四年前のことだ。一カ月足らずのあわただしい旅だったが、そのときに体験したカルチャー・ショックはいまなお忘れることができない。

それもまた上人との出会いによってもたらされた賜だったのだが、そのこともここに記しておこう。

インドの大地にはじめて足を踏み入れたとき、そこで目にした光景、耳にとどいた音の数々については、あらかじめ予想もし見当もついていた。だから、さして驚くこともなかった。だがしかし、まったく唐突に襲いかかってきたとしかいいようのないインドの匂いについてだけは、ほとんど私の想像の範囲を超えていた。

その匂いというのは、必ずしも体臭とか食物の味とかにかかわる個々の匂いのことをいっているのではない。むろんそれらをも含めてのことであるが、それ以上に、インドという大地が全体としてその内部にはらんでいる匂いの凝集体といったものが、圧倒的な力で私を押し包んでしまったということだ。やや誇張したいい方になるが、インドが嗅覚的な世界として、まったく別種の姿をとってあらわれてきたといっていいだろう。

それは、ほとんど私のインド感覚を根底から揺るがし転倒させるほどのものだった。

ものを仔細に視るためには、たとえば顕微鏡や望遠鏡があり、そして写真がある。また音を微細に聴くためには、たとえばラジオやレコード・CD・DVDのたぐいを手元においておけばいい。テレビやスマホもある。だが、匂いに到達するためには、われわれはいったいどうすることができるのか。

おそらく当の匂いを発する場所に自分のからだを運び、そこに触れてみることをおいてほかに手段はないだろう。つまり匂いの領域というのは、ともかくも生《なま》の触角をはたらかせてみなければどうにもならない。

視聴覚的なものの頼りなさ

私はインドを旅することによって、はじめて嗅覚的世界、触覚的世界とでもいうものの存在と重要性に目を開かれたのである。コナラクやカジュラホの寺院に刻まれたエロティックな彫像から噴出するエネルギーも、カーリー寺院やベナレスで毎日のようにくりひろげられている沐浴や火葬の光景も、それらが真に生き生きと蘇ってくるのは、われわれの触覚と嗅覚がそこに参加し投入されることを通してなのである。

思えば、大地にふれるという言葉を、私はどれほど誤解してきたことだろう。インドが本来的に持っていた強烈な匂いが、そのことをあらためて私に突きつけ、私の視聴覚的な認識や感覚の頼りなさを白日の下にさらけだしてしまったのである。

飛行機がカルカッタの空港に着き、はじめてインドの大地に足を踏み入れたときだった。

タクシーに乗って、空港から市内にむかった。最初は何の変哲もない郊外を走るのかと思っていたが、窓外にゆっくり展開する街並みがぼうっと目前に浮かびあがってくるにつれて、私は息をのんだ。強烈な体臭と炊煙の入り混じった濃厚な匂い、貧しさの極限を生きているとしか思えない、黒々とひからびた裸体の連続、雑沓と喧騒と沸騰のルツボ……、それはこの世のものとも思われぬ異様な光景だった。

インドの貧しさと悲惨な情景を写しだす記録は、いわば情報の洪水としてわれわれの前にあった。けれどもいまいった一片の光景にかんするかぎり、それらの情報は私に何ごとも教えてはいなかったのである。

インドには地獄と天国がほとんどきびすを接するような形で実在している。そう思ったのだ。それまで経験したことのない匂いの凝集体がそのような感覚を私にもたらしたのだといっていいだろう。

第十一章　善人・悪人・恩人

からだで感じるインド

インドがいつのまにか、現実のものとして自分の足下に息づいていたのだ。それは遠い大昔の、神話や伝承の霧に包まれた世界ではなくなっていた。

ブッダの存在がガンディーという人間の姿をとって近づいてきたのだといっていい。ガンディーがブッダの生まれ変わりとして、影の形に寄りそうように立ちのぼっていた。

大学で「インド学」という学問を学んでいたころには、とても予想もできなかったような場所に漂いでているような気分だった。インドという国土を通して、そしてまたインドの旅を経験して、頭のなかで考えていたインドがからだで感ずることのできるインドに変貌していたのである。

しかしそれは、はたしてインドへの扉をはじめて開けて下さった金倉圓照先生が望まれたことだったのだろうか。気がついたとき、そんな疑問にとりつかれている自分が、そこにいた。鈴木学術財団を辞めて春秋社に編集者として入社したころから、胸のうちにきざしはじめていた疑問だった。後ろめたい気持ちが、その疑問の底にはりついていた。そのたびに、私はその不安を打ち消したり、忘れようとしていたことを思いおこす。

もしかすると自分は、先生を裏切っているのかもしれない、そんな負い目のような重荷のようなものを感ずることがあった。先生の墓参りもまだはたしてはいなかった。突然、そんな思いにとらわれるようになった。負い目と、まだはたしていない墓参りの二つのことが走馬灯のように、頭のなかをめぐりはじめたのである。

大学院にいたときに先生からいわれた言葉が蘇った。

「教師というものは、いちどは学生に裏切られるものだよ」。

それは、これから教師のアルバイトをしようとしている未熟な私にたいする先生のはなむけの言葉だった。そして励ましのいましめだったのかもしれない。

義理と人情と恩人

本書の冒頭でもその一端にふれたことだが、漱石の『虞美人草』に展開される義理と人情にまつわるエピソードが、あらためて身につまされる話としてわが心をつき刺すようになった。これまで私は三人の恩人についてあれこれ論じてきたが、その義と情にかんする問題をここでもう一度ふり返り、先にすすむことにしよう。

主人公の小野さんは東京帝大銀時計組の秀才であるが、若いころ恩を受けた師、井上孤堂先生の娘、小夜とのいいなづけの関係を解消するかしないかで悩む。新しく登場してきた藤尾という、友人の妹に魅力を感じはじめていたからだった。

その場面で、漱石は「恩人」という言葉を用いて、師と弟子のあいだの重たい関係に言及していた。恩を受けた人にたいする義理と人情はどうなったのか。その倫理的な問いを小野さんにつきつけたのが友人の外交官志望の宗近さんだった。やがて宗近さんの義理と人情の論が勝利して、小野さんは藤尾をあきらめていいなづけとの関係をとりもどし、藤尾は自殺をとげる。

みるようにこの漱石の『虞美人草』という小説には、「恩人」をめぐる裏切りと負い目の重苦しいテーマが流れていたのである。その「恩人」という人間類型が中国風の「聖人」とも異なり、また一般にいわれる「善人」や「悪人」の範疇とも異なっている。それが漱石の目では独自の使われ方をしているということについても、すでに冒頭のところで指摘しておいた。

そこでここでは、その義理と人情、または義と情の問題について、もうすこし別の角度から話を展開してみよう。漱石文学をより深く理解するためにも、それは欠かせないだろうと思うからだ。

正邪や善悪で判断しない

還暦を迎えたころだった。私はものごとを判断するのに、正邪や善悪を基準にすることはもうやめようと思った。それというのも、正邪善悪の旗を掲げてことを決めようとすると、誤まる場合が多いと気がついたからだった。

正義の顔は時代の変化や勢いによって、いつでもころころ変わる。その気になって後をついていくと、それこそ裏切られる。梯子を外される。善悪の掛け声などもどこかにエゴの尻尾をかくしていて、大勢順応の仮面をかぶっている。

世論という魔物もいつも正邪善悪の尺度を用意していて、支持率とかいう権威をふりかざしている。数字が過半を超えでもすると、有無をいわせぬ威力を発揮する。正邪善悪は、いつのまにか過半数もしくは六割の思想といういかがわしい衣をまとって正義の剣をふるう。

けれども不思議なことに、義理人情にうながされてことを決したときは、まずそういうことはおこらなかった。あとから梯子を外されることもなかったし、世間の風評に惑わされることもなかった。

自分の出処進退をみても、気がついたらそうしていたまでであって、内部の生理感覚のようなものにうながされて行動していたのである。

そんなときよく口の端にのぼってくるのが、どうしたわけか漱石の『草枕』の冒頭に出てくるつぎの言葉だった。

「智に働けば角が立つ。
情に棹させば流される。
意地を通せば窮屈だ」。

漱石はそうつぶやいて、人の世はとかく住みにくい、と嘆いていたようだ。できることならそこから脱出して、非人情の岸辺で息抜きをし、遊びたいと思っていたのだろう。

晩年の漱石は『明暗』を書いていて倒れ、そのまま逝く。だが、『明暗』を執筆していたのは午前中だけに限られていた。午後はもっぱら絵を描き、漢詩をつくる時間にあてられていた。この午後のひとときを、彼は『草枕』にでてくる絵描きのように、非人情と絵の世界に遊ぼうとしていたのであろう。

親鸞・近松門左衛門・桑原武夫

もう智に働くことをあきらめている。意地を通すことも放り投げている。さてそれでは、人情についてはどうか。情に流されることを嫌って、非人情の岸辺へと彼の心はたしかに動いている。だがその非人情も、ほとんど人情の深みからわきでてくる無常の感覚に近いものだったように、私の目には映る。

非人情と人情のあいだを行ったり来たりしている晩年の漱石の姿が、自然に浮かびあがってくるのである。その漱石の揺れ動く気分が、さきの最初期の小説『虞美人草』のなかにもその「恩人」論を通してにじみでているのではないだろうか。

そう考えれば、あの十三世紀の思想家、親鸞の気難しげな非人情の顔からも、人情の味がこぼれでてくるように思う。たとえば「善人なおもて往生す、いわんや悪人をや」である。これは理屈を立て、智に働きかけて解釈しようとすると、どうしても角が立つ。「悪人正機」(悪人こそが救われる)などと正義の顔をふり立てようとすると、逆説の迷路に足をとられて話がややこしくなる。

これが善、これが悪、といえばいうほどいかがわしさがつのる。悪人こそが救われるよ、という考えからは難しい議論がいくらでもでてくる。けれどもここはむしろ、人間の犯しがちな悪にたいしてみせる人情家の、優しい眼差しがにじみでている、と考えた方がわかりやすい。

近松門左衛門の場合はどうだろうか。彼の書いた浄瑠璃の心中物は、よく義理人情を主題にしているといわれてきた。義理人情のしがらみの世界を、それこそ絵に描いたように浮き彫りにしているのだという。そのためだろう、戦後のながいあいだこれらの近松の作品は前近代の痕跡をのこすものとして過小に評価されてきた。

たとえば桑原武夫は、近松作品をシェークスピアの悲劇とくらべて、ヒューマニズムの点で普遍性を欠くといって批判していた。当時そのことを知った私は、近松の世界に深い理解を示していた桑原さんにおいてもそうかと、つよい違和感を覚えたことが忘れられない。

それというのも近松の心中悲劇は、やむにやまれぬ人情が理不尽な義理に打ち克ち、これを圧倒していく悲劇でもあると思っていたからだった。そこに義理人情というもう一つの重要な価値観が刻印されていると考えていたからである。

『武士道』の「仁」

こうなると最後に、やはりあらためて新渡戸稲造の『武士道』を取り上げてみたくもなる。彼はこの作品のなかでいろいろのことをいっているけれども、肝心のところを一つだけ挙げれば、日本の武士道の核は「仁」についての独特の考え方にあるという。すなわち弱者・敗者・劣者にたいする無限の同情と共感にこそ「仁」のもっとも大切な要因がひそむといっている。そこに日本人の倫理感覚と宗教信条の源泉があると論じていたのである。

われわれはこれまで「武士道」といえばいつも「ますらおぶり」の武士道を思い描く癖がついていた。けれども、じつは「たおやめぶり」の武士道にこそ仁の考え方の極致が宿ると、新渡戸がいっていたことに気づく。

このようにみてくるとき、新渡戸のこの考え方がさきにみた親鸞や近松のそれと一直線につながる人間観であることがみえてくるだろう。義と情のヒューマニズムにひそむ普遍的な価値観に気づかされるのである。

「恩人」の精神史

話がここまでくれば、この国におけるある精神史の断面が浮かびあがる。最後にその問題にふれておかなければならない。これまで論じてきた「恩人」のテーマをその見取図のなかで検証してみることができそうだからである。

細部を端折っていえば、十三世紀の親鸞は人間の心にひそむ悪の契機に目をとめて「悪人正機」の論を立てた。『歎異抄』にでてくる誰でも知っている言葉である。

「善人なおもて往生をとぐ、いわんや悪人をや」。

悪人こそが救われる、という議論だ。

これにたいして十五世紀の蓮如は、親鸞を祖とする本願寺教団を大きな組織につくり変えた、彼は親鸞の血を引く後裔だった。時代は一向一揆や法華一揆が頻発し、織田信長や徳川家康による全国制覇の戦いがはじまっていた。

そのような危機の時代にあって、蓮如は親鸞が唱えた「悪人正機」の説を引っこめ、民衆にむかって「善を行い、宿善を積め」と主張するようになる。戦乱の世に「悪人救済」の論を立てることがいかに危険な行動をみちびくか、知っていたからだ。

蓮如はもちろん親鸞の言行を記した『歎異抄』という思想書の重要性を知っていた。知っていたからこそ、この書物を社会にひろめることを抑制しようとしたのである。彼の文書伝道の手段として知られる「御文」のなかで、繰り返し「善を行え」「善行を積め」といっているのはそのためである。善行を修めることのできない者はみだりに『歎異抄』という書物にふれてはいけないと、ダメ押しをしているのもそのためだった。

蓮如は『歎異抄』の考え方に反して、「善人往生」を説いたのである。この蓮如の考え方は、やがて親鸞のいう「悪人」論がしだいに影をひそめていく遠因をなしていたのかもしれない。親鸞のいう「悪」の問題が、日本の歴史の記憶のなかからしだいに姿を消していったからだ。

たとえば、その証跡の一つとしてはるか後世のことになるが、西田幾多郎は『善の研究』を書いて世にでた哲学者だったが、その彼はその生涯において、ついに「悪の研究」には手をつけなかった。「善」の問題を論じて、なぜ「悪」の問題を論じないのか、そのような問いをこの国の哲学者や思想家たちはその後も持ちだすことをしなかったのである。

その点に着目するとき、十五世紀の蓮如と二十世紀の西田幾多郎の考え方のなかに、たんなる偶然といってはすまされない類似性のあることに気づくのである。大衆社会にもそのような気分が、いつのまにかひろく深く浸透していたということだ。悪を、見て見ぬふりをする習性といってもいい。

ところがそのようななかで、夏目漱石だけは思考のほこ先をちがった方向に定めていたのではないか、私はあるときからそう考えるようになった。

漱石の小説『こゝろ』を読んだときだった。そこに悪人‐善人の論がじつにさり気ない形ではめこまれていることに気がついたからだ。漱石はもしかすると、親鸞や蓮如がすでに考えていた悪人と善人の問題を、明治近代という時代状況のなかではじめて考えつめていた人間だったかもしれない、そうも思うようになった。そしてその漱石文学の流れのなかで、もうひとつの思考軸ともいうべき「恩人」というテーマが存在していたことに驚かされたのである。

第十二章　漱石の『虞美人草』と『こゝろ』

善人が急に悪人に変わる

『こゝろ』は、主人公の「先生」が親友のKを裏切って恋人を妻にしたところから始まる。「先生」は親友が自殺したため、その罪悪感に苦しめられ、ついに自分も死を選ぶ。その「先生」の孤独な内面を作者は克明に描いていくが、最後の場面になってその主人公の「先生」が精神の弟子ともいうべき「私」にたいして遺書をのこす。それが「先生と遺書」と題され、これが後半の主題となっている。

ところが、その伏線ともいうべき物語の発端部分が、前半におかれた「先生と私」である。そのなかに、さきの「先生」の罪悪感の根元を照らしだすような文章がでてくる。「恋は罪悪ですか」という「私」の問いが持ちだされ、その「私」が田舎に帰って直面した実家における「財産」問題のいざこざが「先生」に報告される。そこに登場するのがつぎのような「先生」の告白である。

「『君の兄弟は何人でしたかね』と先生が聞いた。

先生は其上に私の家族の人数を聞いたり、親類の有無を尋ねたり、叔父や叔母の様子を問ひなどした。さうして最後に斯ういった。

『みんな好い人ですか』

『別に悪い人間といふ程のものもゐないやうです。大抵田舎者ですから』

『田舎者は何故悪くないんですか』

私は此追窮《つゐきう》に苦しんだ。然し先生は私に返事を考へさせる余裕さえ与へなかった。『田舎者は都会のものより却って悪い位なものです。それから、君は今、君の親戚などの中に、是といって、悪い人間はゐないやうだと云ひましたね。然し悪い人間といふ一種の人間が世の中にあると君は思ってゐるんですか。そんな鋳型に入れたやうな悪人は世の中にある筈がありませんよ。平生はみんな善人なんです。少くともみんな普通の人間なんです。それが、いざといふ間際に、急に悪人に変るんだから恐ろしいのです。だから油断が出来ないんです』

先生のいふ事は、此處で切れる様子もなかった。私は又此處で何か云はうとした、すると後の方で犬が急に吠え出した。先生も私も驚いて後を振り返った」。

（夏目金之助『こゝろ』岩波書店、（初版復刻版、大正三年）二〇〇一年、一〇六〜一〇八頁）


世の中には鋳型にはまったような悪人などはいない。平生はみんな善人であるのだが、あるいは善人の顔をして、善人になりすましているけれども、それがいざというとき急に悪人に変わる、といっている。それがこの小説の後半に展開していく「先生」の罪悪感の根元をなしている。「先生」が自殺する動機といっていい。それを伏線的な形で「先生」に告白させている。

親鸞のいう「悪人正機」の悪人とも違う。蓮如が説いた「善人往生」の善人とも様相を異にしている。かといって『聖書』に出てくるユダや、キリスト教文明国において論じられる「原罪」論に登場する罪人＝悪人とも、もちろんその性格を異にしている。さらにつけ加えれば西洋哲学の主流で説かれつづけてきた「根元悪」などともその距離感は決定的である。

漱石の考える「悪人」とはいったい何者だったのか。そして「善人」とははたしてどのような人間をいうのか。自然なかたちで眼前に浮上してきた問いだった。本書の冒頭でふれた漱石の『虞美人草』にでてくる人物造型に注目するようになったのもそのためだ。

彼が東京帝国大学の英文学の教師の職を捨てて、朝日新聞社に身を移して作家の道を歩こうと決意して最初に書いた小説が『虞美人草』だった。まさに漱石にとっては転機にあたるときだったといっていいだろう。

『虞美人草』にみる『こゝろ』の世界

それははたして偶然だったのか。ここでもういちど『虞美人草』に展開されている「こゝろ」

の世界に目を向けてみることにしよう。

小説の冒頭の場面で、主人公の「小野さん」と、その「恩人」である「孤堂先生」があらわれる。

「小野さんは暗い所に生れた。ある人は私生児だとさえ云う。筒袖を着て学校へ通う時から友達に苛《いじ》められていた。行く所で犬に吠えられた。父は死んだ。外で辛《ひど》い目に遇った小野さんは帰る家が無くなった。已むなく人の世話になる。……小野さんは水底の藻であった。

京都では孤堂先生の世話になった。先生から絣の着物をこしらえて貰った。年に二十円の月謝も出して貰った。書物も時々教わった。祇園の桜をぐるぐる周《まわ》る事を知った。知恩院の勅額を見上げて高いものだと悟った。御飯も一人前は食う様になった。水底の藻は土を離れて漸く浮かび出す」。

（『虞美人草』新潮文庫、六七〜六八頁）

その小野さんが上京して、帝大に入った。東京で猛烈な勉学に励んで、友人たちのあいだで秀才の名をほしいままにする。教授も有望だという。下宿では小野さん小野さんと親しまれる。小野さんは考えずに進んでいき、ついに陛下から銀時計を賜わった。浮かび出した「藻」は水面で白い花をもつ。しかし「根のない事には気がつかぬ」。

その小野さんが、いよいよ博士論文を書こうと決心する。そのくだりを作者（漱石）はこのように描写している。

「論文が出来たから博士になるものか、博士になる為に論文が出来るものか、博士に聞いて見なければ分らぬが、とにかく論文を書かねばならぬ。只の論文ではならぬ。必ず博士論文でなくてはならぬ。博士は学者のうちで色の尤も見事なるものである。未来の管を覗くたびに博士の二字が金色に燃えている。博士の傍には金時計が天から懸っている。時計の下には赤い柘榴石《ガーネット》が心臓の焔となって揺れている。その側に黒い眼の藤尾さんが繊い腕を出して手招きをしている。凡てが美くしい画である。詩人の理想はこの画の中の人物となるにある」。

（前出、七〇頁）

ここに「藤尾さん」が登場している。秀才の小野さんの恋人である。

じつは小野さんは、京都での暗い時代に「孤堂先生」の世話になり、その娘の小夜さんといっしょになることを期待されていた。「先生」から、いずれ娘のムコに、と期待されていたのである。その小野さんが帝大で銀時計をもらい栄光の学者の道を歩きはじめる。それとともに新しい恋人の藤尾さんにひかれていく。

漱石のこの後の作品、『それから』『門』『こゝろ』などにあらわれる「三角関係」の構図がすでにそこに姿をみせている。

その小野さんの東京の住居に、京都から孤堂先生の手紙がとどく。冒頭、気候の挨拶もそこそこに、先生自身も小夜も元気で息災との言葉が書かれている。「恩人」の本格的な登場である。ここはやはり漱石自身の言葉できいてみることにしよう。

「小野さんは机の前へ坐った。力なく巻き納める恩人の手紙のなかから妙な臭《におい》が立ち上る。一種古ぼけた黴臭いにおいが上る。過去のにおいである。忘れんとして躊躇する毛筋の末を引いて、細い縁《えにし》に、絶える程につながるる今と昔を、面《ま》のあたりに結び合わす香《におい》である」。

（前出、七六頁）

「恩人」の手紙から立ちのぼる「古ぼけた黴臭いにおい」が印象的である。おそらくこの「過去のにおい」は、いくら忘れようとしても、細い縁の毛筋ほどの細い糸を引いて、漱石自身の子どものころの「暗い所」から立ち上ってくる「におい」であったであろう。そして漱石晩年の『道草』の各所に立ちこめていた「黴臭い」匂いであったにちがいない。

漱石にとっての「恩人」

そう考えれば、漱石文学における「恩人」のテーマはその当初から一貫した音色をひびかせて、その作品の底辺に鳴りつづけていたということになるかもしれない。

やがて『虞美人草』の物語は渦を巻き、曲折をへ、いく転変を繰り返して、終結にむかう。その部分は省略するほかないが、そのいざ幕引きという場面になって、漱石の皮肉な人間観察があらわになる。「恩人」とはどのような存在だったのか、その秘密が探偵小説の筆法よろしく明かされる。

小野さんは恩人の娘との結婚をあきらめ、モダンで、華やかな、美しい藤尾との結婚を心に決める。そのわが心の変化をつぎのように述懐する。

「孤堂先生には大変な世話になった。その恩というのは昔受けても今受けても恩である。自分はその恩を忘れる様な不人情な詩人ではない。だがその恩人が今、お金に困っている。その余波が小夜子にも及んでいる。このような人の難儀を救うのは美くしい詩人の義務であろう。この義務を果して、濃やかな人情を、得意の現在に、わが歴史の一部として残したい。ただその義務を果たすためには、金が必要で、そのためには藤尾と結婚せねば出来ぬ。藤尾の豊かな持参金をあてる外はない。藤尾との結婚が一日早く成立すれば、一日早く孤堂先生の世話が思う様に出来る。……小夜子を捨てる為ではない、孤堂先生の世話が出来る為に、早く藤尾と結婚してしまわなければならぬ」。

身勝手な弁明というほかはないだろう。やがてこのような小野さんの意向を知った孤堂先生は激怒する。当り前である。その小野の気持ちを仲介して伝えた者（小野の友人、浅井君）にむかって先生がいう。

「人の娘は玩具じゃないぜ。博士の称号と小夜と引き替えにされて堪るものか。考えて見るがいい。如何な貧乏人の娘でも活物《いきもの》だよ。私《わし》から云えば大事な娘だ。人一人殺しても博士になる気かと小野に聞いてくれ。それから、そう云って呉れ。井上孤堂は法律上の契約よりも徳義上の契約を重んずる人間だって――」。
（前出、四〇六頁）

小野はその「恩人」の気持ちをきき、われ誤てりと翻意する。ほぼきまりかけていた藤尾との結婚の約束を破棄し、小夜子と結婚することを藤尾に告げる。藤尾は「虚栄の毒」を仰いで斃れる。

作品のなかで小野さんは、はじめ「詩人」を標榜する新しい知識人として登場するが、やがてさきにふれたように功利主義的な「虚偽」の鎧をまとって「恩人」にたいする物質的な恩返しの挙にでようとした。しかしやがてその嘘の化けの皮がはがされ、道義の岸辺に引きもどされる。

「恩」を着て負い目を背負う

その物語の急転回のなかで、漱石がくりだしている議論をかいつまんでいうとつぎのようなことになる。

「恩を着るのは情《なさけ》の発露、師に仕えるは弟子の分である」。そこを出発点に小野さんの反省がつづく。「利害の念は人情の土台の上に、後から被《かぶ》せた景気の皮である。自分を動かす第一の力はと聞かれれば、すぐ人情だと答える」。また、こうもいう。「世話になった以上はどうしたって世話になったのさ。それを返してしまうまではどうしたって恩は消えやしない」。

「恩を着る」「恩を返す」という問題が、ここでも息を吹き返している。

小野さんには、宗近君という外交官志望の友人がいる。功利主義的な恩返しの議論を立てようとする小野さんをつよく叱責する場面がでてくる。道義を知る人間に立ちもどれ、という。その宗近さんが、外交官試験に通って「英吉利」に赴任する直前、小野さんにこう告げる。

「僕が君より平気なのは、学問の為でも、勉強の為でも、何でもない。時々真面目になるからさ。なるからと云うより、なれるからと云った方が適当だろう。真面目になれる程、自信力の出る事はない。真面目になれる程、腰が据る事はない。真面目になれる程、精神の存在を自覚する事はない」。

（前出、四一九頁）

『虞美人草』の幕切れ近くに挿入されている一場面である。「恩人」との距離をはかりながら、自分の行く末を考えはじめようとしている小野さんの姿をクローズアップして、この小説はようやく幕を降ろす。小野さんは、世話になった孤堂先生の「恩」を着て、その負い目を背負いながら歩いていこうとしている。小夜子と結婚して、真面目に生きていこうとしている小野さんが、そこにいる。

明治の近代がはじまる前夜、夏目漱石の「個人主義」がようやく身をおこそうとしている。その時代の流れを、もうひとつ裏側から照らし出す人間のシルエットが、この小説の「恩人」像を通して浮かび上がってくる。

その漱石が、その後作家の人生を歩いていくなかで、やがて「善人」と「悪人」をめぐるきわどい問題に目を向けていく。『行人』から『こゝろ』へ、そして『道草』から『明暗』への険しい道程が待ちかまえていたのである。

終章　「恩」という債務を最大限背負う

金倉先生・神田さん・藤井上人

「恩人」の問題をめぐって、ずいぶん遠くへきてしまったようだ。金倉先生、神田さん、藤井上人という三人の恩人の存在が、時の流れのなかで微妙にその姿や形を変えながら私の前に立ちあらわれるようになった。ときに慈愛あふれる恩師のように、ときに峻厳な教師のように、そしてときに背中しかみせない先導者のように……。

その変幻する姿や形が、漱石の『虞美人草』に登場する「恩人」、井上孤堂先生に重なったり離れたりするようになった。それがまた「恩人」という存在に関心を示す漱石の考え方と二重写しになり、私の意識をつよく刺激するようになった。

立ちどまって、ふと思う。恩人とはやはり、はるかな時の流れのなかでなつかしく蘇ってくる思い出のようなものではないかと。自分の過去の歩みのなかにいつでも浮かびあがっていた原風景のようなものだったのではないだろうかと。その現場において、涙も血も流していたはずの風土、のようなものではなかったか。

だが、そのはるかな時の流れのなかでも、消し去ることのできない負い目のようなものだけはいつまでものこっている。師のもとからしらずしらずのうちに離脱してしまった負い目、といってもいい。

学問の道標を示してもらいながら、脇道にそれてしまった負い目である。教師というものは一度は裏切られる、といった師の言葉が忘れられない。それがいつも両の肩に重くのしかかっている。編集者魂といった貴重な宝もどこかに置き忘れてきたような不安から、いぜんとして自由になれないでいる。神田さんは人間の嘘っぽさをはじき飛ばすような生き方を教えてくれた恩人だったが、そこからも遠ざかってしまった自分がそこにいる。

藤井上人は、いつも振り仰いでいるほかはない宗教的人格だった。けれども気がついてみれば、「インド」や「仏教」をめぐるあまりにも個人的な体験の糧にしかできなかったエゴイスティックな自分の姿が嫌でも浮き彫りになる。そのどれもこれもが癒しがたい負い目を刻印している。その負い目が、いつも恩人たちのなつかしい思い出のなかに立ちのぼってくる。それがいつまでも消えることがない。その負い目を何といったらいいのだろうか。

「恩」とか「感謝」とか

冒頭でもふれたが以前、金融や証券の仕事に長いあいだたずさわってきたという老練の企業人から、お話をうかがったことがある。その有為転変の人生のなかでいろんなことを経験してきたけれども、やはり自分の力だけではどうにもならない「神の見えざる手」がはたらいているとしか思えなくなった、と。

それはアダム・スミスのいう「見えざる手」を念頭においての話だったが、その場合「見えざる手」の神ははたして一神教の神か、それとも多神教の神かという話になった。もちろんそれは、「多神教の神の手」だろうということで二人の意見は一致した。けれどもそれではその多神教の神の手は、いったいどんな手練手管を使っているのだろうかという話になって、時間切れとなってしまった。

私はかねて、日本人の伝統的な経済行為の根っこのところに、日本語でいう「恩」とか「感謝」という考え方がつよくはたらいていたのではないかと思っていた。とりわけ「恩」という考え方、感じ方のなかに日本人の行動にかかわる重要な鍵が隠されていると想像していたのである。

「恩」を辞書で引けば、ただちに（君主や親などの）恵み、慈しみ、情け、などの意味が出てくる。そしてそれらを受けた方でありがたく思うべき行為、といった定義があらわれる。

もちろんそれはそういうことなのであろうが、これを仮りにもっとニュートラルな表現におきかえていうとどうなるか。相手に与えるものは最小限に評価し、それにたいして相手から与えられたものは最大限に評価する態度や生き方、ということになるのではないだろうか。これをさらに経済的な言語で表現すると、債務を最大限に背負うという思いをこめていっているのだから、債務至上主義と呼んでもいいだろう。債権の主張をできるだけ抑制し、禁欲する態度といってもいい。それは「恩」という債務を最大限に背負う意思を示すことでもある。債権を半ば放棄してもいいという意思表示であり、恩を受けることで生じた負い目をいつまでも背負っていく気持ちを表明することにつながる。

いってみれば、西欧社会における債権債務の双方向的な契約の観念というのは、一神教的な考え方から生みだされたものだった。それにたいして、天地万物に神々の遍在をみとめる八百万の多神教的な風土においては、ありとあらゆるものからの恵みと慈しみ（負い目の美称？）を感じとる受動的な行動が自然に優先されるようになる。広大な天地自然にたいする債権意識が微弱になり、逆に債務意識がいつのまにか肥大化していく動機がそこに宿ることになる。

債務至上主義に殉じる

この債務至上主義の感情が、漱石の『虞美人草』においても登場人物の心のなかに義理と人情の感覚を呼びさまし、道義へのつよい願望をかきたてる。債務至上主義の思いがはばたいて、「真面目になれ！」という宗近君の忠告になり、それがみんなの胸を打ち、小野さんの改心と翻意をうながす。

単純に恩を受けた義理に引きずられていくというのではない。ただひたすら情に身をゆだねていくというのでもない。肝心のところはといえば真面目になって、債務至上主義に殉じてみよ、というにつきる。恩人によってもたらされた負い目を最後まで身に引き受けてみよ、ということなのだろう。

小説『虞美人草』はこうして、小野さんが恩人井上孤堂先生への債務をそのまま担って小夜子と結婚し、そのあおりで驕慢の才女、藤尾が毒をあおいで死をとげることで幕を閉じるのである。

ここまで書いてきて、私もまたあらためて、かけがえのない三人の恩人たちの前に膝を屈し、返すあてのない債務（恩）の重荷を背負いながら、このさきの残り少ない道をとぼとぼと歩いていくほかはないのだろう。その心の原風景ともいうべき、海山のあいだのせまい道をひとりで往くほかはないのである。

あとがきに代えて――墓参の記

ことし（二〇一六年）は、墓参りではじまり、墓参りで終ることになったようだ。神田龍一さんの没後三六年、藤井日達上人が滅後三十年である。そのお墓参りをようやく済ますことができた。ずい分長い時間が経ったと思う。

この『恩人の思想――わが半生 追憶の人びと』は、昨年（二〇一五年）の金倉圓照先生のお墓参りからはじまった。鹿児島・坊の津への旅である。それも先生の没後三十年だったことをあらためて思う。

三十年ものあいだ、自分はいったい何をしていたのか、とほぞを噛む。脳の中枢が揺れる。

転機になることがあった。

二〇一六年二月二〇日昼、ある新聞社に頼まれ、大阪の伊丹空港から宮城県の仙台空港に飛ん浪江町に入る。

だ。着いてすぐ、国道六号線を車で南下する。福島県との県境をこえ、相馬、南相馬を通過して

強い風が横なぐりに吹いていた。

浪江の地は全町避難で、人けがまったく感じられない。請戸川河口近くの請戸小学校に行く。五年前、津波にのまれ、破壊されたままの惨状が眼前に迫る。襲われる直前、教師らと児童八三人の全員が約二キロ先の山に逃れて、助かっている。

廃墟の小学校に入って二階に上がる。ガレキが散乱する部屋の壁に時計がかかり、針が午後三時三八分を指していた。地震の発生が午後二時四六分だったから、ほんのわずかな時間のあいだに全員避難がおこなわれたことがわかる。

側廊から、南の空を眺める。すると、東京電力福島第一原発の排気筒とクレーンの先端がみえ、光が点滅していた。小学校をあとに、海辺に出る。

樹々がなぎ倒されたあとの荒涼とした波打ち際……。そこに、破壊されつくしたかつての共同墓地があらわれた。横倒しになって四散した墓石が寒々とした姿をさらしている。ご遺骨はすでに回収され、高台の地に再埋葬されることになっているという。けれども投げだされた墓石がそのままただの石になっているとは、とても思えなかった。死者たちの魂がご遺骨とともに他の場

所に回収されてしまっているとも、とても思えない。

原発被災の最前線、浪江町の光景は、五年前の傷だらけの肉体を剝きだしにしたままだった。

そのほぼ二カ月後、二〇一六年四月一四日、午後九時二六分ごろ、熊本地震が発生した。M6・5の前震だったという。ついで二日後の一六日、午前一時二五分、M7・3の本震が発生した。


それから三カ月半ほどの後、八月四日に、酷暑のなか、九州博多駅の改札口でインドの旅以来の大麻豊氏と落ち合う。藤井日達上人の墓参に同行してもらうためだった。一時間半ほどで熊本駅着。車を拾い、阿蘇にむかう。家の崩壊、山崩れのあいだを縫い、曲りくねるように走る。主要な道路が破壊されて不通のため、山道を大きく迂回して行く。やがて車は、雄大な阿蘇連山を見はるかす広い盆地に出た。細い道沿いに街並みがあらわれ、左手の高台に藤井上人の誕生寺が姿をあらわした。

寺では、年老いた酒迎天信上人のお出迎えをうける。そばにはその誕生寺をあずかる行徳行得上人が控えておられる。行徳上人、酒迎上人、私、そして大麻氏と四人が順に並び、題目を唱えながら、藤井上人の墓前にすすむ。大きな塔の形をしたお墓だった。

年の瀬も押し迫った一二月七日、春秋社の元取締役の鈴木龍太郎氏と東京日比谷で落ち合い、駒込の曹洞宗吉祥寺の墓地に行く。広い境内の奥に、神田龍一さんの戒名を記した卒塔婆が神田家のお墓のそばに立っていた。香華をたむけて合掌。

文恵院参学哲心居士

昭和五十五年六月十二日没

行年六十九歳

神田家の先祖はもと近江の大名麻生藩の側用人だったが、のち茨城の行方郡に転封、先祖の墓所が吉祥寺に移ったのだという。

年末もあと十数日という時期になって、私は軽い眩暈に見舞われ、倒れた。長年の肩の荷をおろしたためだったのだろう。

眩暈して脳か耳かと冬の陣
天地の分れし時ゆ眩暈して

だが、どうやら日常に復帰することができ、新しい年を迎えることができそうである。

二〇一六年一二月二五日　洛中にて

著　者

人名索引

あ 行

か 行

さ 行

た　行

な　行

は　行

ま　行

や・ら　行

事項索引

あ 行

か 行

さ 行

た　行

な　行

は　行

ま　行

や・ら・わ　行

《著者紹介》

山折哲雄（やまおり・てつお）

1931年生まれ。

東北大学卒業。

東北大学助教授，国立歴史民俗博物館教授，国際日本文化研究センター教授などを歴任。和辻哲郎文化賞（一般部門），南方熊楠賞，長谷川伸賞。

現　在　宗教学者，国際日本文化研究センター名誉教授，国立歴史民俗博物館名誉教授。

主　著　『人間蓮如』春秋社，1970年，洋泉社新書，2010年。
『日本仏教思想の源流』講談社学術文庫，1987年。
『愛欲の精神史』小学館，2001年，角川ソフィア文庫全3巻，2010年。
『こころの作法』中公新書，2002年。
『涙と日本人』日本経済新聞社，2004年。
『親鸞をよむ』岩波新書，2007年。
『「ひとり」の哲学』新潮選書，2016年，ほか。

セミナー・知を究める②
恩人の思想
──わが半生 追憶の人びと──

2017年2月28日　初版第1刷発行　〈検印省略〉

定価はカバーに
表示しています

著　者　山　折　哲　雄
発行者　杉　田　啓　三
印刷者　田　中　雅　博

発行所　株式会社　ミネルヴァ書房
607－8494　京都市山科区日ノ岡堤谷町1
電話代表（075）581－5191
振替口座　01020－0－8076

創栄図書印刷・新生製本

ISBN978-4-623-07989-6
Printed in Japan